クリーニングの問題 24 事例

事例 1 クリーニングにより丈が伸びてしまったプリーツスカート

クレームの内容	プリーツスカートをクリーニング店に初めて出したところ、丈が伸びてしまった。 　その場で苦情を伝えて、元に戻すか弁償してほしいと申し出たが、責任者がいないので後で連絡するとのことだった。1週間たっても電話がないため、再度問い合わせたが一向に連絡がなく不満。
クレームの原因	アクリルニットのプリーツスカートをスチームボックスで仕上げたことが原因。クレームに対する初期対応で迅速に誠意をもってなされなかったことが、クレームの増幅となった。
クリーニング店に望まれる対応	熱に弱いアクリル製品をスチームボックスで仕上げしたことが原因で、明らかにクリーニング店の責任であり、クリーニング事故賠償基準に従って賠償する。
トラブル防止のポイント	誠実なクレームの対応とは、お待たせしないことで、後日の連絡については期限を切って必ず行うようにする。クリーニング店の受付けはパートタイマーの従業員で、責任者の顔の見えない店が多くなっている。工場が店舗と離れていて、技術者の話も聞けない現状で、苦情の扱いが曖昧〔あいまい〕になっているのも事実である。お客様の信頼を得るためにも苦情処理体制を明確にする必要がある。

素材：表地 アクリル100%　裏地 ポリエステル100%

取扱表示

JN056865

事例2	ランドリーの酸素系漂白剤が原因でストライプ柄が消失したワイシャツ

クレームの内容	プレゼントされたワイシャツをクリーニングに出したところ、ストライプ柄がなくなってしまった。クリーニング店は酸素系漂白剤による処理温度が高すぎたことに問題があったことを認めて賠償すると言ってくれたが、大切な思い出の品なのでそれだけでは釈然としない。単にクリーニングに出しただけだが慰謝料を請求できるか。
クレームの原因	ランドリーの洗濯温度が高すぎたため、ストライプ柄の染色に使われていた含金属染料が酸素系漂白剤の作用を促進することで綿繊維が脆化し、消失したもの。
クリーニング店に望まれる対応	まず誠意をもって謝罪すること。取扱いに問題がありクリーニング店の責任であるから、クリーニング事故賠償基準に従って賠償をする。慰謝料については、特約がなければお支払いできないことを説明して納得してもらう。
トラブル防止のポイント	クリーニング事故賠償基準第2条の2では、説明責任として洗濯物の受取り、引渡しにおいて賠償基準を提示しなければならないとしており、受取り時にはお客様に特別な要望等がないかを確認することも大切である。あらかじめお客様から申し出があった場合で代替品のない品物については、万一事故が発生したときの賠償額について特約を結び、預り証にも記載しておくとよい。しかし、特にそのような申し出がなければ、標準的な小売価格を基準として賠償額が算出されることになる。店頭には、クリーニング事故賠償基準のポスターやチラシ（リーフレット）などを掲示しておくと良い。

素材：綿 100%

取扱表示

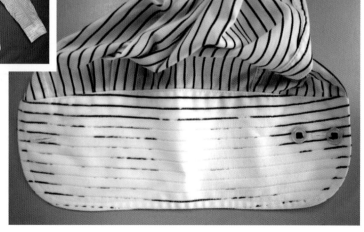

事例 3	静止加熱乾燥でエンボス加工が伸びたポリエステル基布の上着

クレームの内容	クリーニングで、ポリエステルを基布にした上着のエンボス加工が伸びた。特に両肩部分が著しく伸びているが、お店では表示どおりドライクリーニングしたと対応してくれず、納得がいかない。
クレームの原因	クリーニング店が、熱可塑性〔ねつかそせい〕を利用したヒートセット加工の特性を考慮せず、ハンガーに吊るした状態で静止加熱乾燥を行ったことが原因。
クリーニング店に望まれる対応	まずお客様には、エンボス加工が消えてしまったという事故が起きたことをお詫びする。クリーニングでの乾燥方法に問題があることを認めて、クリーニング事故賠償基準により賠償を行う。
トラブル防止のポイント	お客様とのトラブルを減らすには受取り時の心がけが大切である。クリーニング店では素材や加工を確認し、適切な処理を行う。商品の素材や加工方法を的確に判断し、事故の可能性が考えられればその旨をお客様にきちんと説明し、理解していただく。時にはリスクの高い商品はお断りすることも必要である。

素材：基布 ポリエステル100%　パイル レーヨン

取扱表示

事例 4　ガスで変色したダウンジャケット

クレームの内容	ダウンジャケットをクリーニング後、（ポリ）カバーをつけたまま洋服ダンスに保管。1年後に着用しようとしたら、裾や袖口付近などが変色していた。
クレームの原因	裾や袖口は内側まで変色しているのが特徴的で、着用や保管中に酸化窒素ガスが繊維に付着したことが原因で変色したものと推測される。酸化窒素ガスには、酸化又は還元作用があり、染料を分解して色を変化させる。車や工場の排ガス中にふくまれるほか、家庭内でもガスコンロやファンヒーターなどの燃焼により発生する。
クリーニング店に望まれる対応	原因の説明と併せて同種事故事例の資料をお客様にお見せするなどして理解していただく。
トラブル防止のポイント	お客様に対して酸化窒素ガスによる事故の実態を周知し、目に見えない空気中の酸化窒素ガスが、衣料品の色の変化の原因になることを理解していただくようにする。

素材：ナイロン100％

取扱表示　

事例 5　石油系溶剤の残留で化学やけど

クレームの内容

　　クリーニングに出した合成皮革のパンツを引取り日の翌朝にはいたら、足がしびれたので昼にスカートにはき替えた。かゆみ、しびれ、痛みがひどく、赤くなった皮膚がむけ、皮膚科で受診したところ、石油系溶剤の衣類への残留による化学やけどと診断された。治療費などをクリーニング店に求めたい。

クレームの原因

　　石油系溶剤の乾燥が不十分であったことが原因。合成皮革の生地は表面、中層、裏面と張り合わせ構造のようになっている。中層に溶剤が貯留しやすく、表面は通気性がないため生地全体が乾燥しにくい構造となっている。即日渡しシステムや、においの少ない低アロマタイプ石油系溶剤も関係している。

クリーニング店に望まれる対応

　　万一事故が発生し、溶剤の残留が原因であると診断された場合、お客様に対して治療費・休業補償費・交通費などの損害賠償責任が生じる（民法 415 条、634 条、709 条、710 条）。
　　丁重にお詫びをして、誠意をもって速やかに対応することが大切である。治療費などの支払いに加え、慰謝料の支払いを求められるケースもあるばかりではなく、場合によっては傷害罪が適用される可能性もある。

トラブル防止のポイント

　　脱液と乾燥を十分に行い、石油系溶剤の残留がない状態にして、お渡しする。また、アイテムや構造などに応じて、取扱表示等に拘束されることなく水洗いで対応することも必要。さらに、受取り時には、お客様が急いでも乾燥には時間がかかること、乾燥が不十分であると化学やけどの起こる可能性があることを説明して理解してもらう。加えて、引渡しするときは、ポリカバーは必ず取外して保管するよう、アドバイスすることを忘れないようにする。

（参考）　合成皮革の石油系溶剤乾燥試験

　　合成皮革製の乾きにくい衣料を石油系ドライクリーニング後、自然乾燥し、重量の減少により乾燥具合を調べた。生地の種類によって乾燥日数は異なるが、試験の結果では、大部分の溶剤は 3～5 日で乾燥する傾向にある。この試験は、夏場に実施されたものであるが、冬場ではもっと乾燥に日数がかかり、寒冷地区ではさらに注意が必要となる。

表　各種合成皮革衣料の乾燥重量変化（g）

	洗浄前	脱液直後	1日	2日	3日	4日	5日	6日
厚手合皮パンツ	506	730	526	518	514	508	507	506
合皮パンツ	387	490	400	396	388	386	387	
厚手合皮スカート	250	320	249	250	249			
合皮スカート	178	230	182	181	179	178	178	

化学やけどの例

　事故が発生しやすい衣服の素材は、合成皮革、中綿やスポンジ入り製品など生地が厚いものや構造上乾きにくいものに集中している。

　溶剤が残り、十分に乾いていない衣服を着用すると、熱傷性皮膚炎が発生する。この皮膚障害は性別、年齢に関係なく、全身、頚部、胸部、腹部、腰部、上腕・前腕、大腿（写真）・下腿に起きている。

　治療見込み期間も1か月以上のケースが多く、治っても色素沈着が残る場合がある。

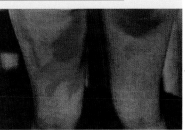

クレームの内容	新聞の折込広告を見てカーテンのクリーニングを依頼することにした。 　広告には窓の縦、横の寸法と価格表が示されていた。クリーニング料金は窓の大きさによると思っていたが、予想よりかなり高額だったのでお店に説明を求めたところ、幅はカーテンの裾の長さで窓の幅ではない、カーテンの寸法の取り方として当たり前だと言われた。料金は思っていた額の3倍程となる。このような広告表示は紛らわしく、誤解を生じさせるのではないか。
クレームの原因	広告には窓の寸法を記載し、実際にはカーテンの寸法が基準の価格で、お客様が誤解するような表示であったことが原因である。
クリーニング店に望まれる対応	広告を見て来店したお客様には、受取り時によく説明しなければならない。
トラブル防止のポイント	広告表示を行う場合は、お客様に内容を正しく、誤解のないように伝える注意が必要である。 　商品、サービスの内容や取引条件が誤認されるような不当な表示は「不当景品類及び不当表示防止法」（景品表示法）で禁止されている。 　セールの広告でも、大きくクリーニング代2割引などと表示を行い、除外品を分かりにくく表示することは、お客様に誤解されるおそれがある。誰が見ても誤解のないような表示を行うこと。

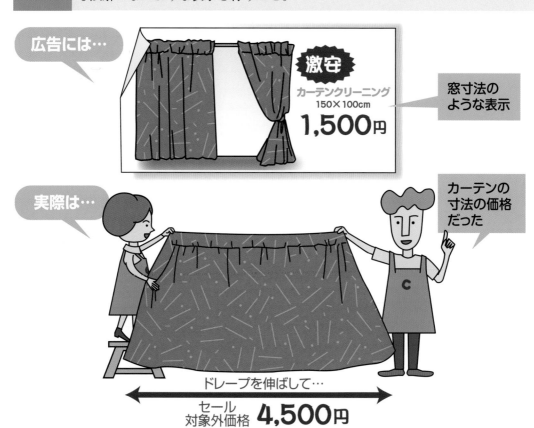

広告には…

激安
カーテンクリーニング
150×100cm
1,500円

窓寸法のような表示

実際は…

カーテンの寸法の価格だった

ドレープを伸ばして…

セール対象外価格 4,500円

事例7 汗の残留で変色した紳士ジャケット

クレームの内容	クリーニングに出した紳士ジャケットの前身頃や袖などの色合いが変わっていた。強い洗剤を使ったのではないかと伝えたら、表示どおりに洗っているのでクリーニングに問題はないと強い調子で言い返された。納得できない。
クレームの原因	着用状況を確認すると、営業で外を歩くことが多く、よく汗をかくということであった。検査機関のテストで、塩分やタンパク質など汗に含まれる成分の残留が確認できたことから、着用時の汗が十分抜けきれずに徐々に蓄積したところに、太陽光の中の紫外線が作用して染料が分解した可能性が考えられる。
クリーニング店に望まれる対応	まず原因が分からない段階での強い対応をお詫びする。その上で同種の事例の説明をして、お客様にテストをして原因を究明することの了解を得る。テスト結果をもとに、クリーニングによる変色ではないことのご理解をとりつける。
トラブル防止のポイント	受取り時に少しでも変色がある場合はお客様と相互確認をしておく。特に夏物でドライクリーニングしかできない表示になっている衣料は、汗がとれないことを説明して、処理方法を決めることがトラブルの防止につながる。

素材：綿76% ポリエステル21% 麻3%

取扱表示

事例8 クリーニングの前処理剤によるスーツ上衣の毛羽立ち

クレームの内容	スーツの上衣に付けた食べこぼしのシミを取ってもらうため、ズボンと一緒にクリーニングに出したがシミは残ったままになっていた。やり直しをしてもらい、シミは除去できたが、生地の表面が毛羽立ってしまった。 上衣だけ賠償すると言われたが、スーツとして着用できず不満。
クレームの原因	シミを除くために使用した前処理剤が原因で毛羽立ちが生じたもの。
クリーニング店に望まれる対応	クリーニング店の技術的なミスが原因のため、誠意をもって謝罪するべきである。また、スーツを上下同時に引受けているので、スーツとしての賠償額を算定して支払う。
トラブル防止のポイント	洗濯物を受取るときに一対のものであることの申告があったときは、預り証に記入するなどの配慮が必要。あとで申告があったかどうかで争うことは、お店の信用に関わる。お客様に洗濯物を返却する段階でやり直しの指摘を受けることがないように、最終のチェックをしっかり心がけるべきである。

素材：毛100%

取扱表示

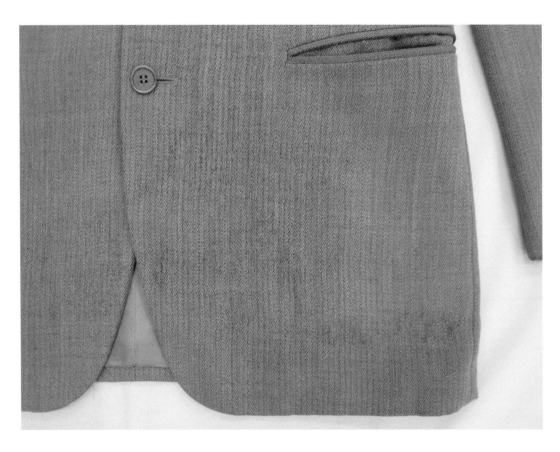

事例9	プリント柄の染色が色泣きしたブラウス

クレームの内容	綿のブラウスをクリーニングに出したところ、プリント柄に使われている紺色の染色が周りににじみ出したようになった（色泣きした）。お店からは、表示を参考にして水洗いをしたのだから染色不良が原因だ、と言われたが納得できない。
クレームの原因	クリーニング店が苦情品をお預かりして原因調査を依頼した結果、紺色プリント柄の染色が不堅ろうであったため、水洗処理で色落ちしたものと推測された。
クリーニング店に望まれる対応	お客様の了解を得て、事故の原因を究明する。事例のように原因が製品にあるときはアパレルメーカーや販売店に結果を伝え、お客様が損害賠償金を受け取れるように支援する。
トラブル防止のポイント	初期対応で、一方的に製品に問題があると決めつける言い方はしない。「クリーニング事故賠償基準」では、クリーニング業者が相当の注意を怠らなかったことと、他の者の過失による事故であることの証明を行わなければ、賠償しなければならないとしている。クリーニング業法が「利用者の利益の擁護を図る」ことを目的としていることからも、単に事故の責任がないことを伝えるだけでなく、事故の原因を究明し、お客様に詳しく説明して理解していただく必要がある。

素材：綿100%

取扱表示

事例 10 パーマ液の付着で衿が変色したセーター

クレームの内容	毛のセーターをクリーニングに出し、タンスに保管していたが、取り出してみると、衿部分の色が抜けたようになっていた。クリーニング店では、パーマ液がついた可能性があり、クリーニングによるものではないとの回答だが、本当か。
クレームの原因	お客様の着用状況や変色の状態、部位などから、パーマ液が原因と考えられる。お客様が気付かないうちに、パーマ液やカビ取り剤などが付着して起こるクリーニング事故は少なくない。お客様からあらかじめ申し出がなければわからないことが多いため、トラブルになりがちである。
クリーニング店に望まれる対応	パーマ液が原因と考えられる根拠を説明して理解していただく。引渡しのとき、お客様と双方での確認をおろそかにして、原因がお客様にあることを証明できないと、賠償しなければならないこともある。
トラブル防止のポイント	受取り時に変色など少しでも兆候が見られるときには、何か変わったことはなかったかをお聞きする。品物を引き渡すときには、お客様と双方で異常がないかを確認する。また、原因が分かれば丁寧に説明し、理解を得ることが大切である。

素材：毛100%

取扱表示

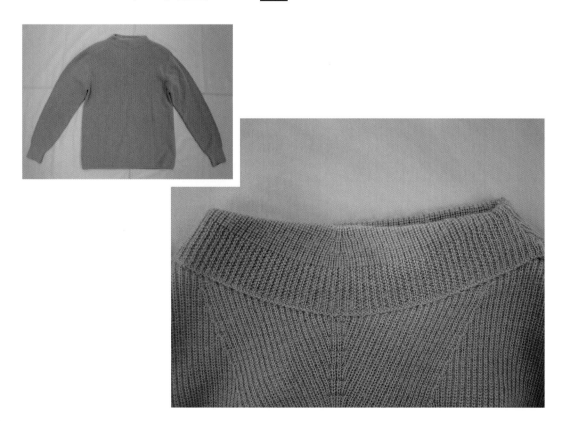

事例 11　誤表示に基づく処理で硬くなったダウンコートのトリミング飾り

クレームの内容	人から貰ったダウンコートをクリーニングに出したところ、前身頃に付けられていたトリミング飾りが硬くなった。クリーニング店は、取扱表示を参照して洗っており、責任はとれないと言っている。初めてのクリーニングなのでどうしても納得できない。
クレームの原因	取扱表示では石油系ドライクリーニング可となっていたが、トリミング飾りの素材がポリ塩化ビニル樹脂であったため、石油系溶剤によるドライクリーニングで可塑剤が溶出して硬化してしまった。原因は表示の誤りにある。
クリーニング店に望まれる対応	お客様には表示に誤りがあったことを伝え、お客様がアパレルメーカーや販売店から損害賠償金を受け取れるように支援する。
トラブル防止のポイント	お客様に対して合成皮革に使われる素材を外観だけで見分けることができないこと、表示を信用して処理せざるを得ないこと、などを説明して理解していただくようにする。

素材：表地 ポリエステル55% ナイロン45%　中綿 ダウン90% フェザー 10%

取扱表示：

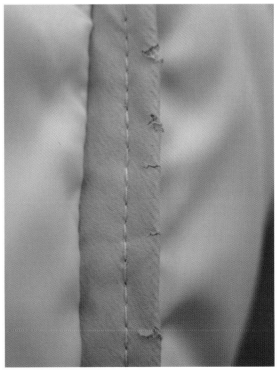

事例 12　クリーニングで毛並みが乱れて風合いが変化した毛のコート

クレームの内容	起毛加工した毛のコートを初めてクリーニングに出した。クリーニングから戻ったコートは表面の毛並みが乱れて購入時の風合いがなくなっていた。クリーニング店は「表示どおりのクリーニングをしている、特に変化はない」と主張し、賠償に応じてくれない。受取り時に担当者には取扱いを注意するようにお願いし、大丈夫と言っていたのに納得いかない。
クレームの原因	クリーニングをすることで起毛の状態が変化したことが原因。起毛加工では、生地に柔らかさと膨らみを持たせるために、撚りを甘くしている場合が多い。機械的な摩擦や手荒な取扱いをすると毛並みの乱れや毛羽の脱落、風合いの変化などを招く。
クリーニング店に望まれる対応	まず、大丈夫と言って過大な期待をお客様に与えたことについて、誠意をもって謝罪する。お客様の主張である風合いについては、クリーニングで新品の状態に戻るわけではないことを説明して理解していただく。
トラブル防止のポイント	毛の起毛製品を受け付ける時には、素材の特性によって風合いの変化が起こり得ることなど、リスクの説明をする。

素材：毛 100%

取扱表示　

事例 13 濡れ掛けプレスでカフスが収縮したワイシャツ

クレームの内容	ワイシャツをクリーニングに出したところ、カフスが変形して返ってきた。カフスの裏生地は波打ったような状態で押しつぶされたようになっている。カフスの変形は、使われている芯地の問題であり、賠償はできないと言われた。
クレームの原因	クリーニングで行っているワイシャツの濡れ掛けプレスでカフスに使われている接着芯地が収縮したもの。 ワイシャツのカフスや衿には、熱可塑性樹脂を接着剤にした接着芯地が使用されている。接着剤の熱可塑性樹脂は、濡れ掛けプレスでの軟化と硬化が繰り返されることよって徐々に収縮し、最終的に数センチの収縮が生じることがある。
クリーニング店に望まれる対応	根拠もなく製品に問題があると突き放すような対応は望ましくない。原因は、濡れ掛けプレスであることから、クリーニング事故賠償基準により賠償する。
トラブル防止のポイント	熱可塑性樹脂の軟化温度は、約 130℃のため、芯地に加わる熱が 130℃以上にならないように温度 150℃以下・15 〜 20 秒程度のプレス条件で処理するのが理想。

素材：綿 100％

取扱表示

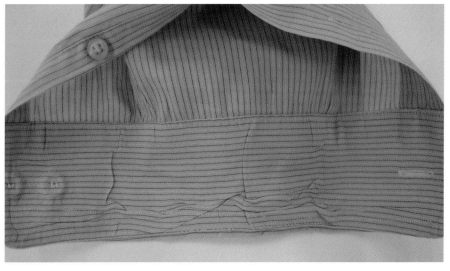

クレームの内容	インターネット宅配クリーニング業者にダウンジャケットのクリーニングを依頼した。2、3週間で返却と言われたが送られてこなかったため連絡したところ「混雑しており、半年はかかる」と言われた。すぐに返却するよう求めたところ袖口の汚れが残ったまま戻された。苦情を言ったが、クリーニングには問題ないと言って何も対応してくれない。支払った料金を返金してほしい。
クレームの原因	クリーニング後に汚れが残っている場合、通常のクリーニングでは実物を見ながら交渉できるが、インターネット宅配クリーニングでは事業者が遠隔地のケースも多く、直接の交渉が難しい。
クリーニング店に望まれる対応	通常のクリーニングと同様に「クリーニング事故賠償基準」で職務上必要とされている、 ①洗たく物の状態把握義務 ②適正クリーニング処理方法選択義務 ③処理方法等説明義務 ④クリーニング完全実施義務 ⑤受寄物返還義務 を遵守すべきである。
トラブル防止のポイント	通常のクリーニングと同様にクリーニングの依頼を受けた洗濯物の機能、汚れの質と量、汚れの放置期間、染色の堅ろう度などを的確に把握して最も適正なクリーニング処理を選択するとともに、それらの情報をお客様と共有できるようなシステムを作るべきである。

クレームの内容	娘のジャンパーをインターネット宅配クリーニング業者に預けたが、返却予定日を3週間過ぎても戻ってこない。インターネットの受付窓口では、既に発送は済んでいる、送り状の番号を教えるので配送業者に直接確認して、見つからない場合には配送業者に賠償を求めるように、との返答だった。購入したのは1年前で、レシートがなく値段も分からない。どうしたらいいか。
クレームの原因	インターネット宅配クリーニング業者の品物の管理体制に問題がある。品物の受取りから返却までの間はインターネット宅配クリーニング業者が責任をもって管理すべきである。
クリーニング店に望まれる対応	「クリーニング事故賠償基準」では、「クリーニング業者」を利用者とクリーニング契約（寄託契約と請負契約の混合契約）を結んだ当事者としており、洗濯物の受取及び引渡しや保管を宅配業者等の第三者が行う場合であっても、これら履行補助者はクリーニング契約の当事者ではないことから、事故原因が履行補助者にあっても、利用者に対して賠償責任は契約当事者たるクリーニング業者（インターネット宅配クリーニング業者）が負うこととしている。 　同じく「クリーニング事故賠償基準」では、洗濯物の紛失のように物品の再取得価格が分からない場合、ドライクリーニング処理又はウエットクリーニング処理が行われたときはクリーニング料金の40倍、ランドリー処理についてはクリーニング料金の20倍と賠償額の算出方法が示されている。 　ジャンパーが見つからない場合には、これに従って賠償する。また、商品の金額はメーカーに確認することで分かることもあるので、購入店やメーカーに問い合わせ、基本方式で賠償額を算定することもできる。
トラブル防止のポイント	インターネット宅配クリーニングを運営する事業者は、品物の受取りから返却までの間は事業者自身が管理すべき立場にあることを認識して、配送業者との交渉を責任をもって行うこと。

事例 16 宅配ボックスによる紛失

クレームの内容	マンションに設置されているクリーニング用宅配ボックスに衣類数点を入れてクリーニングに出した。預り証には、ボックスに入れた全ての衣類が記載してあった。しかし、その中のカーディガン1枚が戻っていない。店の記録上ではカーディガンはお渡し済みとなっており、店には残っていないと言われた。紛失の責任はどちらにあるのか。
クレームの原因	このシステムでは、洗濯物の状態の把握、洗濯処理方法の選択等、その場での相互確認や情報提供が難しいことがトラブルの原因と考えられる。
クリーニング店に望まれる対応	利便性を求める消費者からの要望に応えて、宅配ボックスを設置したマンションや、自動受渡し機などを利用する非対面型方式、インターネットやコンビニエンスストアでの受付け等のサービスが増えている。これらのサービスは対面での接客と異なり、その場での相互確認や情報提供が難しいことが、紛失などのトラブルが起こりやすい原因となっている。 　紛失時の取り決めがないと、双方の話し合いになる。時間を追って双方の事実確認をしながら、どこで洗濯物がなくなったかを慎重に検証していかなければならない。事業者が過失のないことを証明できなければ、対応しなければならない場合もある。
トラブル防止のポイント	洗濯物の受取り、引渡しは対面で行うことを原則にすること。宅配ボックスなどによるトラブルを避けるためには、事前にお客様と紛失した場合などの取り決めをしておくことが重要である。

カーディガンが足りない…

事例 17　背広やワイシャツに勝手に記名するお店

クレームの内容	転居して初めて利用したクリーニング店。背広、ジャケット、ワイシャツの品質表示タグに私の名前と部屋番号を記入していた。私物に勝手に記名されて不愉快。プライバシーの侵害にならないのか。
クレームの原因	お客様の了解なしに洗濯物に記名してしまったことが原因である。
クリーニング店に望まれる対応	クリーニングは請負契約と寄託契約の混合契約で成り立っている。お客様の洗濯物を適切にクリーニング処理し、適正な状態で引き渡す義務を負っているので、事例のような場合には損害賠償責任が生じる。併せて所有権侵害による損害賠償責任も問われることになる（民法709条）。 　最近はインターネットオークションなどで中古の衣料品が高額で取引されている。洗濯物へのマーキングにより商品価値が下がったとして、多額の賠償金を求められる可能性もある。洗濯物への記名などは絶対に避けなければならない。
トラブル防止のポイント	クリーニング店はお客様の特定物（財産）を預かって処理をするため、お客様との信頼関係を築くことが重要になる。勝手にお客様の洗濯物に記名することは、この信頼関係を壊すことになる。このほかに、デリケートな素材の洗濯物にホチキスや安全ピンなどで穴が開いてしまったというクレームもある。記名と同様に注意が必要。 　また、個人情報保護法の施行により、たとえ個人情報取扱事業者に該当しない場合でも個人情報の適正・安全な管理が望まれるので、お客様の個人情報の取扱いには細心の注意が必要である。

イメージ写真

事例 18　クリーニング料金が不明瞭

クレームの内容	いつも利用する近所のクリーニング店の料金がよく分からない。 　価格の表示はあるが、自分ではシャツだと思っていたのに、ジャケットにされて高い料金を請求されたことがある。 　従業員によって判断が異なることもあるようだ。もっと分かりやすくしてもらえないか。
クレームの原因	価格の基準がお客様に分かるように表示されていなかったり、従業員の説明が不十分であることが考えられる。 　また、従業員へ洗濯物の区分や店の料金システムを日頃から教育し統一していなかったことも原因である。
クリーニング店に望まれる対応	お客様の申し出をよく聞いて、明らかに事業者が判断違いをしているときは差額の返金に応じなければならない。 　料金の表示や説明は分かりやすくすることが大切である。
トラブル防止のポイント	店の内外にサービスの項目と料金表を分かりやすく掲示して、お客様の誤解を招かないようにする。 　また、デザインによっては判断の難しい場合もあるが、お客様には商品の区分及び料金についても丁寧に説明することが大切である。 　クリーニング料金はお客様にとってお店を選ぶ際に重要な目安である。 　ワイシャツなどの日用品は低価格のお店に頼んでいても、高額な商品は別の店に出すなど、お店を使い分けることもある。 　技術的なことばかりでなく、受付カウンターでのサービスや対応も厳しくチェックされている。

事例 19 保管サービスで毛羽が消失した毛布

クレームの内容	カシミヤの毛布をクリーニングと半年間の保管サービスを兼ねて依頼した。その折、店員が毛布の点検をしたが何も言わなかった。 半年後毛布を引き取り、自宅でよく見ると、毛羽がなくなっている部分があることに気付いた。 お店では、もともとあった虫食いがクリーニングで顕在化したものであり、賠償の対象ではないと応じてくれない。
クレームの原因	もともとあった虫食いについて、受取り時の点検のときに双方で確認しなかったことが原因である。
クリーニング店に望まれる対応	毛羽の消失が衣料害虫によるものかどうかは、繊維切断面から判断できるが、虫に食われた時期や場所を特定することは困難である。 保管中に生じたことが明らかな場合には、クリーニング店が賠償責任を負うことになる。この事例では、受付け時に毛布に虫食いがあったことをお客様に確認していない。クリーニング店はお客様が納得のいく説明や証明をするべきである。
トラブル防止のポイント	クリーニングの特約として洗濯物を保管する場合は、カビの繁殖や虫害、シミなどが発生しないように、温湿度調整や防虫対策を完備するとともに、脱酸素剤入り専用パックなどを適切に使う。蛍光灯や日差しによる変色を防ぐための対策を講じることも必要である。受取り時には入念な相互確認を行い、預り証にもその状態を明記する。引渡し時には、包装を外して互いに確認することにより返却後のトラブルを防ぐことができる。 また、虫食いは季節を問わず注意する必要がある。

素材：毛羽部分 カシミヤ100％
取扱表示

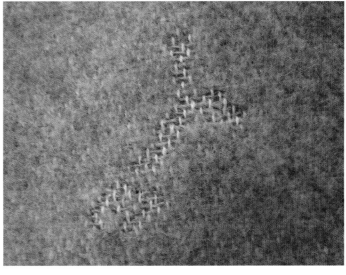

事例 20 クリーニングによる浴衣の柄のにじみ

クレームの内容	浴衣の衿に汗ジミが生じたためシミ抜きを兼ねて水洗いをしてもらうようにクリーニングに出した。クリーニング店から、要望どおりに水洗いをしたところ赤い柄の周囲がピンク色に染まってしまった、水洗いを指示したのはお客様なのだから賠償はできないといわれたが、納得できない。賠償は求められないか。
クレームの原因	染色に対する安全性を確認せずに水洗いを行ったことに原因がある。
クリーニング店に望まれる対応	「クリーニング事故賠償基準」では、利用者からクリーニングの依頼を受けた洗濯物の機能、汚れの質と量、汚れの放置期間、染色の堅ろう度などを的確に把握することを職務上の注意義務としており、安全性の確認は必須事項となっている。利用者からの要望であったとしても、本件のような場合は、「クリーニング事故賠償基準」による賠償が発生すると考えられる。
トラブル防止のポイント	事前に表示のタグの有無を確認し、万一の場合の危険性を説明して了解を得る。 　既製の浴衣の場合は取扱いやメーカー名等を表示したタグがある。 　しかし、お客様が反物を購入し仕立てた場合、取扱いやメーカーの連絡先などの表示がないことがある。受付け時の確認、説明が大切である。

素材：綿
取扱表示：なし

事例 21　経時劣化によって合成皮革飾りの表皮がはく離したジャンパー

クレームの内容	春にクリーニングしたジャンパーを秋にクローゼットから取り出したところ、前身頃に縫い付けられている合成皮革飾りの表皮がはく離していた。クリーニング店では素材の特性でやむを得ないといっているが納得できない。
クレームの原因	合成皮革飾りに使用していたポリウレタン樹脂が空気中の水分などの影響を受けることやクリーニング処理の繰り返しなどによって経時劣化し、はく離したもの。
クリーニング店に望まれる対応	縫い付けられている飾りが合成皮革であることが分かる場合には、受取り時に素材の特性について説明をし、クリーニングするかどうかをお客様に判断してもらう。 　合成皮革などに使用されるポリウレタン樹脂は空気中の水分による加水分解などにより、通常2〜3年で劣化することが明らかになっている。
トラブル防止のポイント	商品の素材や特性を的確に判断し、事故の可能性が考えられればその旨をお客様にきちんと説明し、理解していただく。合成皮革などに使用されるポリウレタン樹脂の経時劣化現象について、日常的に消費者に情報提供をすることもトラブル防止の手段になる。

素材：本体 ポリエステル100%　別布 合成皮革

取扱表示

xxi

事例 22 着用によって目寄れが生じたポリエステルブラウス

クレームの内容	クリーニングに出したら両袖の付け根部分が波打ったようになった。お店では表示どおり手洗いしたと対応してくれず、納得がいかない。
クレームの原因	着用で織糸が移動する目寄れが生じたもの。目寄れが生じかけていることは受取り時の検品で確認していたが、お客様も了承していると思いそのままクリーニングを行って返却している。クリーニングすることでさらに拡大してしまった可能性も考えられる。
クリーニング店に望まれる対応	受取り時の検品で把握していたことを伝えてお詫びする。その上で着用中に生地が部分的に摩擦されたり引っ張られることで袖付け部に生じやすい現象であることを説明する。クリーニング事故賠償基準第１条運用マニュアルでは、洗濯物の受取及び引渡しに際して利用者と品物の状態について可能な限り相互確認をすることと、利用者から預かった洗濯物を適正な状態で引き渡すことをクリーニング業者の注意義務としており、本件についてはこの２つを怠っていることから、着用が原因であったとしても賠償責任を負うことになる。
トラブル防止のポイント	受取り時の検品を十分に行い、お客様と品物の状態について可能な限り相互確認すること。目寄れが生じている場合は、クリーニングによって拡大する可能性があることをお客様に伝える。

素材：ポリエステル100%

取扱表示

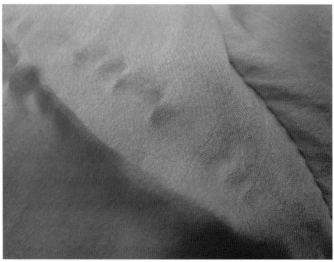

事例 23 ピン止めしたことが原因でブランドの織ネームが損傷したクリーニングトラブル

クレームの内容	ダウンジャケットを取次所経由でクリーニングに出したところ織ネームに傷がついて返ってきた。高額な製品であり、購入金額全額の賠償と品物の返還を要求したい。
クレームの原因	ダウンジャケットを受取った取次所が織ネームにタグをピン止めしたことが原因。 当該取次所ではタグのピン止めを日常的な作業として行っており、クリーニングを担当する工場でも特に問題視していなかった。
クリーニング店に望まれる対応	取次所の責任であることは明らかで、「クリーニング事故賠償基準」に則って賠償する。 クリーニング事故賠償基準第6条では、「クリーニング業者が賠償金の支払いと同時に利用者の求めにより事故物品を利用者に引き渡すときは、賠償額の一部をカットすることができる。」としていること、さらに同マニュアルで「クリーニング業者が洗濯物の価値の全額を賠償した場合、事故品の所有権はクリーニング業者に移ります。賠償金を受け取った利用者が、その事故品の返還を希望する場合は、両者合意の金額に賠償額を減額することができます。」と解説していることをお客様に説明し、品物を返還するのであれば賠償額は減額されることを理解してもらうようにする。
トラブル防止のポイント	洗濯物に傷や損傷を与えるような作業は厳禁する。

素材：ナイロン100%　　（中わた）ダウン90%　フェザー10%

取扱表示

クレームの内容	毛のロングカーディガンをドライクリーニングに出したら両脇が引きつれたようになってしまった。着用時の汗が原因だと説明されたが納得できない。
クレームの原因	湿潤した条件で摩擦されたためにフェルト化が生じたもの。毛繊維の表面はうろこ状のスケールで覆われており、水分と摩擦などによってこのスケール同士が絡み合うことによって生じる収縮や毛羽立ちなどの現象を『フェルト化』と言う。
クリーニング店に望まれる対応	フェルト化は両脇部分に集中していることから、着用時の汗と摩擦が主な原因になっている可能性が高いことをお客様に説明する。
トラブル防止のポイント	受取り時の検品を十分に行い、お客様と品物の状態について可能な限り相互確認すること。お客様に対しては着用時の汗と摩擦による事故の実態を周知し、素材の特性としてフェルト化が生じることを理解していただくようにする。

素材：毛 100%
取扱表示

総説クリーニング
業務従事者編

クリーニング業務従事者講習用テキスト
第12クール（2022〜2024年度）

公益財団法人
全国生活衛生営業指導センター 編著

ERC出版

目次

| Part I | 衛生法規及び 公衆衛生 …………… 1 |

POINT　Part Ⅰ ………………2

第1章
クリーニング業と公衆衛生 ………… **3**
Q1　公衆衛生の考え方 ……………… 3
Q2　クリーニング業における公衆衛生とは？　3
Q3　話題となった感染症 …………… 3
Q4　感染症対策とは？ ……………… 4
Q5　従業者等が発症したら？ ……… 6
Q6　ノロウイルスに汚染された洗濯物の
　　取扱いは？ ………………………… 6
Q7　指定洗濯物とは？ ……………… 7
Q8　衛生管理の注意点とは？ ……… 8

第2章
衛生法規 ……………………… **10**
　1. 衛生法規 ………………………… 10
Q9　衛生法規による規制とは？ ……… 10
Q10　衛生法規の規制の基準とは？ …… 10
Q11　クリーニング業とは？ ………… 11
Q12　コインランドリーの営業とは？ …… 11
Q13　取次店とは？ ………………… 11
Q14　店舗開設手続きとは？ ………… 12
Q15　クリーニング師とは？ ………… 12
Q16　クリーニング師の研修とは？ …… 14
Q17　業務従事者講習とは？ ……… 14
Q18　地下水汚染未然防止とは？ …… 14
Q19　化学物質排出量の届出とは？ …… 15
Q20　フロン類の排出抑制とは？ …… 15
Q21　パークの管理とは？ …………… 16
Q22　労働者の安全・衛生とは？ …… 16

第3章
環境保護に関する取組みと法規 …… **18**
Q23　ＳＤＧｓとは何ですか？ ……… 18

Q24　ＳＤＧｓの17の目標の中で、
　　　クリーニング業界が取組めるものは
　　　ありますか？ …………………… 18
Q25　クリーニング事業者や業務従事者が
　　　行えるＳＤＧｓの取組みは、
　　　どのようなものがありますか？ …… 19
Q26　クリーニング業界はＳＤＧｓに
　　　貢献する業界である、ことをどのように
　　　アピールすればよいですか？ …… 19
Q27　プラスチック資源循環促進法とは
　　　どのような内容の法律ですか …… 19
Q28　本法律の施行に伴い、クリーニング
　　　事業者や業務従事者は何をすれば
　　　よいのですか …………………… 20
Q29　本法律に違反したり目標が達成
　　　できなかった場合、罰則や罰金は
　　　ありますか …………………… 21
Q30　プラスチックごみの削減や資源の
　　　循環に向けて、社会やお客様に対して
　　　理解いただくための具体的な取組み例を
　　　教えて下さい …………………… 21

| Part II | 洗濯物の受取り、 保管及び引渡し … 23 |

POINT　Part Ⅱ ………………24

第1章
クリーニング業を取り巻く
社会的環境 ……………………… **25**

第2章
クリーニングでの問題事例に学ぶ … **27**
　1. クリーニング苦情の傾向 ………… 27
　2. クリーニングの問題事例 ………… 28

第3章
カウンター業務の重要性 …………… **29**
　1. カウンター業務 ………………… 29

2. 望ましいカウンター業務の手順 …… 29
3. 受取り時の心がけ ………………… 31
  (1) 洗濯物の受取り ……………… 31
  (2) 保管上の注意 ………………… 38
4. 洗濯物の引渡し …………………… 38
  (1) 洗濯物の確認 ………………… 38
  (2) 情報の提供 …………………… 39
5. 感染症などへの対策 ……………… 39
  (1) 共通 …………………………… 39
  (2) 受取り時・引渡し時 ………… 40
  (3) 一時保管時 …………………… 40
  (4) 従業者の休憩室 ……………… 40
  (5) その他 ………………………… 40
6. 苦情への対応 ……………………… 40
  (1) お客様から苦情を言われたら …… 40
  (2) クリーニング事故の原因 ……… 42
  (3) 苦情処理の方法 ……………… 43
  (4) 苦情を減少させるために ……… 44
7. クリーニング事故賠償基準 ……… 45
  (1) クリーニング業者の注意義務 …… 45
  (2) クリーニング業者の定義 ……… 47
  (3) 説明責任 ……………………… 47
  (4) クリーニング業者の責任 ……… 47
  (5) 損害賠償の対象 ……………… 48
  (6) 賠償額 ………………………… 49
8. クリーニング業者の責任 ………… 50
  (1) 賠償額の支払い ……………… 50
  (2) クリーニング業者が賠償額支払いを
     免除されるケース …………… 51
  (3) 大規模自然災害により滅失・損傷
     した預り品の取扱い ………… 51
  (4) 長期間放置品への対応 ……… 53

第4章
繊維製品等に関する表示の基礎知識 … 55
  Q1 繊維製品の表示はどのようにして
     決められるのですか？ ……… 55
  Q2 表示事項に関して教えてください … 55
  Q3 表示の方法はどのように
     なっていますか？ ……………… 55

  Q4 表示の責任については
     どうなっていますか？ ………… 58
  Q5 取扱（絵）表示の図柄の意味を
     教えてください ……………… 58
  Q6 JIS L 0217の表示記号とJIS L 0001の
     表示記号がどのように対応するか
     教えてください ……………… 59
  Q7 付記用語に関して説明して
     ください ………………………… 62
  Q8 革製衣料の表示はどのように
     なっていますか？ …………… 64
  Q9 海外の表示はどうなっているの
     ですか？ ……………………… 64
  Q10 クリーニング業の立場から、表示に
     関してどのような点に注意したら
     よいでしょうか？（国内表示）… 66
  Q11 海外製品に関して注意することを
     教えてください ……………… 67

第5章
消費者保護に関する取組みと法規 … 68
  Q12 消費者保護に関係する法律は
     どのようなものがありますか？…… 68
  Q13 消費生活センターとはどのような
     組織で何を行っていますか？…… 68
  Q14 消費生活センターの消費生活相談員
     から問い合わせがあった場合、
     どのように対応するべきですか？ 69
  Q15 業務従事者がお客様に対応する際の
     注意点を教えて下さい………… 70
  Q16 お客様の対応で業務従事者が困った場合
     の相談先があれば教えて下さい…… 70

Part III 洗濯物の処理 …… 71

POINT Part III ……………………… 72
第1章
クリーニングの種類 ……………… 73
  Q1 クリーニングの種類とは？ …… 73

Q2　シミ抜きとは？ ‥‥‥‥‥ 73
Q3　家庭洗濯との違いとは？ ‥‥‥‥ 74

第2章
ランドリー ‥‥‥‥‥ 76
Q4　ランドリーの工程とは？ ‥‥‥‥ 76
Q5　仕上げとは？ ‥‥‥‥ 77
Q6　リネンサプライとは？ ‥‥‥‥ 77

第3章
ドライクリーニング ‥‥‥‥‥ 78
Q7　ドライクリーニングの原理とは？ ‥ 78
Q8　ドライクリーニングの工程とは？ ‥ 78
Q9　汚れた溶剤は？ ‥‥‥‥ 79
Q10　ランドリーとの違いは？ ‥‥‥‥ 79
Q11　引火性溶剤使用工場の
　　　立地規制とは？ ‥‥‥‥ 80

第4章
ウエットクリーニング ‥‥‥‥‥ 81
Q12　ウエットクリーニングとは？ ‥‥ 81

第5章
特殊クリーニング ‥‥‥‥‥ 83
Q13　毛皮や皮革製品の注意点とは？ ‥ 83
Q14　和服のクリーニングとは？ ‥‥‥ 85
Q15　カーペットのクリーニングとは？ 86

第6章
溶剤と洗剤 ‥‥‥‥‥ 87
Q16　ランドリーとドライクリーニングに
　　　使われる洗濯資材について教えて
　　　ください ‥‥‥‥ 87
Q17　化学やけどとは？ ‥‥‥‥ 88
Q18　有機溶剤の危険性とは？ ‥‥‥‥ 89
Q19　ＶＯＣ排出削減の取組とは？ ‥‥ 89

Part Ⅳ　繊維及び繊維製品 ‥‥‥‥‥ 91
POINT　Part Ⅳ ‥‥‥‥‥ 92

第1章
繊維素材の基礎知識 ‥‥‥‥‥ 93
1. 天然繊維 ‥‥‥‥ 96

（1）植物繊維 ‥‥‥‥ 96
（2）動物繊維 ‥‥‥‥ 97
2. 化学繊維（人造繊維） ‥‥‥‥ 99
（1）再生繊維 ‥‥‥‥ 99
（2）半合成繊維 ‥‥‥‥ 100
（3）合成繊維 ‥‥‥‥ 100
（4）無機繊維 ‥‥‥‥ 103
3. その他の繊維 ‥‥‥‥ 103
4. その他 ‥‥‥‥ 105

第2章
衣料品生産の基礎知識 ‥‥‥‥‥ 106
1. 衣料品生産の流れ ‥‥‥‥ 106
2. 糸のいろいろ ‥‥‥‥ 106
（1）糸のできるまで ‥‥‥‥ 106
（2）糸の分類 ‥‥‥‥ 106
（3）主な糸の製造法 ‥‥‥‥ 107
3. 織物とニットの基本 ‥‥‥‥ 108
（1）織物 ‥‥‥‥ 108
（2）ニット（編物） ‥‥‥‥ 108
（3）織物とニットの性能比較 ‥‥‥‥ 109
4. 衣料品の製造 ‥‥‥‥ 109
（1）生産工程例（概要） ‥‥‥‥ 109
（2）生産工程の作業ポイント ‥‥‥‥ 109

第3章
染色加工の基礎知識 ‥‥‥‥‥ 111
1. 染色 ‥‥‥‥ 111
（1）染色加工工程の流れ ‥‥‥‥ 111
（2）染色の形式 ‥‥‥‥ 111
（3）染料と顔料 ‥‥‥‥ 111
（4）主な繊維の染色に適する染料例 ‥‥ 112
（5）主な染色堅ろう度の種類 ‥‥‥‥ 112
2. 繊維加工 ‥‥‥‥ 112
（1）風合い改善に関する加工 ‥‥‥‥ 112
（2）外観の変化に関する加工 ‥‥‥‥ 113
（3）新機能の付与に関する加工 ‥‥‥ 114

第4章
副資材の基礎知識 ‥‥‥‥‥ 116
1. 裏地 ‥‥‥‥ 116
（1）裏地の機能 ‥‥‥‥ 116

（2）裏地の素材 …………………… 116
2. 芯地 ……………………………… 116
　（1）芯地の機能 ………………… 116
　（2）芯地の種類 ………………… 117
3. ボタン …………………………… 117
　（1）ボタンの素材別分類 ………… 117
　（2）主なボタンの原料と特徴 …… 117
4. ファスナー ……………………… 118
　（1）金属ファスナー …………… 119
　（2）樹脂ファスナー …………… 119
　（3）面ファスナー ……………… 119
5. 肩パッド ………………………… 119
　（1）肩パッドの機能 …………… 119
　（2）肩パッドの種類 …………… 119
　（3）肩パッドの構造と素材 …… 120

第5章
繊維についてのQ＆A ………… 121
Q1 衣料品の布地とは？ ………… 121
Q2 皮革製品とは？ ……………… 121
Q3 合成皮革とは？ ……………… 122
Q4 複合繊維とは？ ……………… 122
Q5 ＳＵＰＥＲ表示ウールとは？ … 122
Q6 ストレッチ素材とは？ ……… 122
Q7 モール糸とは？ ……………… 123
Q8 プリーツ加工の方法は？ …… 123
Q9 繊維製品が縮む原因とは？ … 124
Q10 染料と顔料の違いとは？ …… 124
Q11 人工毛皮とは？ …………… 125
Q12 金属繊維とは？ …………… 125
Q13 衣料害虫の食害とは？ ……… 126

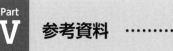

Part V　参考資料 ……… 127

参考資料1
クリーニング事故賠償基準
（運用マニュアル） ………… 128
　別表1　商品別平均使用年数表 ……… 140

別表2　物品購入時からの経過月数に
　　　対応する補償割合 ……………… 144

参考資料2
カウンターでの接客 ………… 145
1. 日頃の心がけ …………………… 145
2. お客様が来店されたときは ……… 145
3. 品物をお預かりするときは ……… 146
4. 品物をお渡しするときは ………… 146
5. 感謝の気持ちを言葉と態度で表す … 147
6. お客様が重なったときは ………… 147
7. クレームが発生したときは ……… 147

参考資料3
念押しの言葉 ……………………… 148
1. 受取り時 ………………………… 148
　（1）クリーニングで生地が傷んだり、
　　　破れたりする可能性がある場合 … 148
　（2）上下のもので片方だけの場合 … 148
　（3）シミが完全に除去しきれないと
　　　判断した場合………………… 148
2. 引渡し時 ………………………… 148

参考資料4
電話応対の注意 ………………… 149
1. 電話を受ける基本と準備 ……… 149
2. 電話の受け答えの注意 ………… 149
3. 電話をかけるときの注意 ……… 150

参考資料5
参考文献、試験・検査機関、他 … 151

　索引 ……………………………… 152

◇COLUMN

クリーニング所数の推移 ……………… 13

PIO-NETにみる消費生活相談の傾向と特徴 26

クリーニングに関する内容別消費生活相談 28

契約当事者年代別等にみたクリーニングの相

　談件数 ………………………………… 30

依頼時、受取り時の処理方法の説明 …… 43

カスタマーハラスメント ……………… 46

1世帯当たり洗濯代支出金額の推移 ……… 48

パートタイム労働者の雇用管理の改善のために 52

洗剤出荷実績 …………………………… 88

編み物の歴史 ……………………………104

物販系分野のBtoC(企業から消費者)のEC 取引

　(消費者向け電子商取引) の市場規模 …120

衣類輸入2.7兆円、中国から58.5% ……126

◇まめ知識

感染症と伝染病 ………………………… 5

プライバシーマーク制度 ……………… 51

テトラクロロエチレン ………………… 87

水で洗うとなぜ形くずれや収縮、シワを生じ

　やすいのか？（水と水素結合の話） … 90

ピリング生成過程モデル図 ……………103

梳毛糸と紡毛糸 …………………………107

フェルト化のメカニズム ………………115

衛生法規及び 公衆衛生

Part 1

第1章
クリーニング業と公衆衛生   3

第2章
衛生法規   10

第3章
環境保護に関する取組みと法規   18

　本編では、クリーニング業に関わる公衆衛生、衛生法規に加えて環境保護に関する取組みの必要性について学びます。

　クリーニング所における業務従事者も、公衆衛生、衛生管理を十分認識して業務に当たらなくてはなりません。

第1章　「クリーニング業と公衆衛生」

　クリーニング業務全般に関する衛生の向上及び確保は重要です。クリーニング業に携わる者として心がけるべき点や感染症対策、業務従事者や来店客の健康管理、洗濯物の適正な処理及び取扱い等について学びます。接客時における新型コロナウイルスを含む感染症対策、汚染された洗濯物の基本的な取扱いについて解説しています。これらの衛生法規や公衆衛生について十分に理解し、意識の向上を心がけてください。

第2章　「衛生法規（クリーニング業法他）」

　クリーニング業を定義し直接規制する「クリーニング業法」について、その目的や規制の内容を理解します。クリーニング業における公衆衛生意識の向上、利用者擁護について学びます。

　また、環境汚染対策としての水質汚濁防止法、フロン排出抑制法を理解して事業所の安全管理に努めるとともに、従事者の安全と健康を確保するための労働安全衛生法を学びます。

第3章　「環境保護に関する取組みと法規」

　社会的関心の高いSDGsについて、クリーニング業も貢献できる取組みについて学びます。

　2022年4月1日施行の「プラスチック資源循環促進法」について、クリーニング業にも大きな影響があることから、プラスチック使用の合理化、目標の設定等について学び、理解していきます。

第1章　クリーニング業と公衆衛生

Q1　公衆衛生の考え方

A　公衆衛生は、個人衛生と対比されるように、主として社会を集団としてとらえ、疾病の予防や健康増進を図ることを目的としています。とりわけ、衛生法規で規制が行われている法律では、感染症対策が大きな目標となっています。

　国際化の進展で、人の移動も航空網の発達により極めて短期間で交流が行われているだけに、一旦感染症が発生するとその感染は急速に、しかも多くの地域に広がる時代となっています。それを防止するためには、社会全体としての取組みが必要となります。

グローバル化で外国で発生した感染症が日本に入ってきやすくなりました

Q2　クリーニング業における公衆衛生とは？

A　クリーニング業は、不特定多数の者が利用する業態の営業です。感染症等の拡大を予防するための具体的対策には、①従業者の公衆衛生、②お客様の公衆衛生の2点が挙げられます。

　まず、従業者については、感染症に罹患したお客様と接触する又は感染性の分泌物が付着した洗濯物に触れることにより、感染症に罹患するリスクを伴います。

　また、お客様については、感染症に罹患したクリーニング店の従業者と接触することにより、感染症に罹患するリスクを伴います。

Q3　話題となった感染症

A　これまでに話題となった感染症（食中毒を含む）には、エボラ出血熱、エイズ、BSE、腸管出血性大腸菌O-157胃腸炎、SARS〔サーズ〕、ノロウイルス胃腸炎、新型コロナウイルス感染症などが挙げられます。

　クリーニング業の施設がかかわる感染症としては、病院リネンを介したセレウス菌による血流感染症の集団感染があります。感染の原因のひとつとして、病院から洗濯を委託されていたリネンクリーニング業者の工場の連続式大型洗濯機であったと推測される事例があり、病院のみならず、クリーニング業者においても細菌による汚染防止のための管理が重要となります。セレウス菌は環境中に広く存在し、ときに食中毒の原因菌となる場合がありますが、極端に抵抗力の弱い患者では、極めてまれに菌血症などの起因菌となります。一般的に

は、毒性が弱いために除菌する必要がないものの、セレウス菌が形成する芽胞は熱やアルコールには抵抗性であるため、極端に抵抗力の弱い患者が使用する病院リネンにおいては規定に基づいた消毒をする必要があります。

　食中毒については、原因として、細菌、ウイルス、自然毒、化学物質、寄生虫など様々あり、食べてから症状が出るまでの期間やその症状、また、予防方法も異なります。食中毒発生状況は毎年集計し公表されており、直近の2020（令和2）年の発生状況を図Ⅰ-1に示します。特にノロウイルスによる食中毒患者数は年間患者数のうち半数を占めており、食中毒や感染性胃腸炎の防止対策には注意する必要があります。

　新型コロナウイルス感染症（COVID-19）は、2019年12月に中国で初めて報告され、世界的な流行が起きました。新型コロナウイルスはSARS-CoV-2というウイルスによる感染症で、主な感染経路は飛沫感染であり、状況によってエアロゾル・空気感染や接触感染がおこりえます。

Q4　感染症対策とは？
A　感染症対策としては、次の4つが挙げられます。

（1）従業員の健康管理
　従業員の健康状態には常に気を付けるとともに、特に感染症が流行している時期に少しでも罹患している従業員に対しては、自ら進んで健康状態を申告することを徹底し、医療機関の受診を勧めることが重要です。

　感染症流行期には、出勤前の健康チェックとして、発熱やその他の症状（咳、のどの痛み・違和感、鼻水、倦怠感（だるさ）、頭痛、腹痛、下痢など）の有無について確認し、該当する症状がある場合には出勤せずに上司に連絡しましょう。また、業務中にも体調不良がみられたら、そのまま業務を継続せずにすぐに上司に報告しましょう。

（2）手洗いの励行と個人防護具の適切な着用
　手などを介して体内に病原体が侵入する感染症については、流水と石鹸の「手洗い」と擦式アルコール性手指消毒薬を使用

病因物質	総数 患者
総数	14,613
細菌	9,632
サルモネラ属菌	861
ぶどう球菌	260
ボツリヌス菌	－
腸炎ビブリオ	3
腸管出血性大腸菌（VT産生）	30
その他の病原大腸菌	6,284
ウエルシュ菌	1,288
セレウス菌	4
エルシニア・エンテロコリチカ	－
カンピロバクター・ジェジュニ／コリ	901
ナグビブリオ	－
コレラ菌	－
赤痢菌	－
チフス菌	－
パラチフスA菌	－
その他の細菌	1

病因物質	総数 患者
ウイルス	3,701
ノロウイルス	3,660
その他のウイルス	41
寄生虫	484
クドア	88
サルコシスティス	－
アニサキス	396
その他の寄生虫	－
化学物質	234
自然毒	192
植物性自然毒	127
動物性自然毒	65
その他	19
不明	351

出典：厚生労働省

図Ⅰ-1　病因物質別食中毒発生状況（2020年）

した「手指消毒」が予防策として効果があります（ただし、ノロウイルスへのアルコールの効果は期待できない）。事業所内に手洗い施設の確保や消毒液の常備等を行い、従業員は「手洗い」や「手指消毒」の徹底を図ることが重要です。

洗濯前の委託物に触れる場合には、手洗いや手指消毒に加え、マスクとエプロンの着用が重要です。また、手袋は着用しても良いが、着用し続けて長時間手洗いをしない場合は、環境を感染性があるウイルスで汚染する可能性があり、かえって感染する危険が増す可能性があるため、着用しつづけることは避けましょう。

（3）洗濯物の確認

利用者から少しでも感染性の汚れの疑いのある洗濯物を預かった場合には、独自で判断することなく、その地域の保健所等へ相談し、適切な対応を心がける必要があります。また、利用者に対しては、汚れに応じた処理方法を説明するよう努めるとともに、感染性の汚れがある場合は適切な処理方法を実施することで発生する脱色、生地の傷みなどを事前に伝え、了解をとることが望まれます。

（4）営業所の環境整備

カウンターや作業場所を常に清潔に保つために環境整備を行います。始業前や終業時にカウンターや台座の拭き取り清掃を行うほか、カウンターで利用者から洗濯物を預かる場所は目に見えない汚れもあるため、使用後はこまめに拭き掃除を行います。また、特に人の手が良く触れる場所

まめ知識
感染症と伝染病

- **感染症とは？**
  ウイルス、寄生虫、細菌などの病原体が体内に侵入して増殖し、それらの病原体が原因となり発熱、下痢、咳等の症状が出ることをいう。

- **伝染病とは？**
  感染症を発症した人(動物)が、保有するウイルスを他者に移し、そのウイルスを移された他者が病気を発症することをいう。

- **感染症法とは？**
  従来の「伝染病予防法」、「性病予防法」、「エイズ予防法」の3つを統合し1999年4月1日に施行され、2007年4月1日に「結核予防法」を統合した。2021年2月には、新型コロナウイルス感染症（COVID-19）の拡大防止に向けた関連法案の修正があった。

- **コロナ特措法とは？**
  ①まん延防止等重点措置の新設
  ②要請に応じない事業者に対する行政罰としての過料の規定
  ③感染者が協力に応じない場合、保健所の感染者に対して調査に応じるよう命じる権限、入院勧告に応じない場合の行政罰として過料の規定
  ④海外からの入国者が要請に従わない場合には刑事罰（１年以下の懲役または１００万円以下の罰金）の対象
  ⑤事業者は時短営業などの協力要請に応じないと過料（最大３０万円）の制裁
  ⑥感染者は自宅待機の要請に従わなければ過料（最大５０万円）の制裁

（ドアノブ、スイッチ、ボタン、レバー等）をこまめに拭き掃除します。

Q5　従業者等が発症したら？

A　従業者がインフルエンザにかかってしまったら、高熱が出る、呼吸が苦しいなど具合が悪ければ早めに医療機関に行き、治療を受けるようにします。また、症状が消えるまで接客などはやめます。

しかし、従業者や事業者の家族が発症しても、当人に症状がない場合には休む必要はありません。

従業者が新型コロナウイルス感染症にかかった場合は、自治体の指示に従って療養します。濃厚接触者と判断された場合も、自治体の指示に従い、健康観察を行ってください。

Q6　ノロウイルスに汚染された洗濯物の取扱いは？

A　大切なことは、まず自分自身が感染しないことです。疑いのある洗濯物が持ち込まれた場合には、お客様に確認することが

大切です。

また、お預かりした際には、ビニール袋等に入れ密封し、他の洗濯物と分けて保管することが大切です。具体的な処理方法については、以下の方法を参考にしてください。

> ### ノロウイルスに係る吐ぶつやふん便が布団などのリネン類に付着した場合の処理
>
> リネン等は、付着した汚物中のウイルスが飛び散らないようにペーパータオルなどでできるだけ吐ぶつを取り除き、洗剤を入れた水の中で静かにもみ洗いします。その際にしぶきを吸い込まないよう注意しましょう。下洗いしたリネン類の消毒は85℃・１分間以上又は80℃・10分以上の熱水洗濯が適しています。ただし、熱水洗濯が行える洗濯機がない場合には、次亜塩素酸ナトリウム（※）の消毒が有効です。その後、十分すすぎ、高温の乾燥機などを使用すると殺菌効果は高まります。

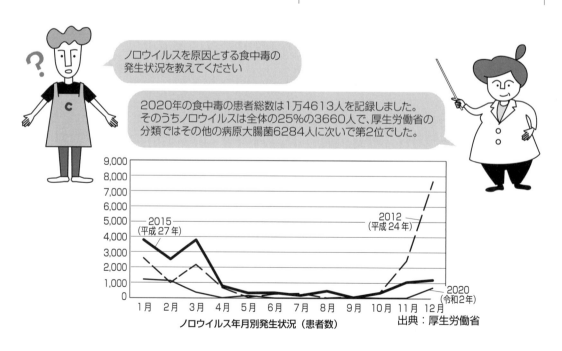

ノロウイルスを原因とする食中毒の発生状況を教えてください

2020年の食中毒の患者総数は1万4613人を記録しました。そのうちノロウイルスは全体の25%の3660人で、厚生労働省の分類ではその他の病原大腸菌6284人に次いで第2位でした。

2015（平成27年）

2012（平成24年）

2020（令和2年）

ノロウイルス年月別発生状況（患者数）

出典：厚生労働省

布団などすぐに洗濯できない場合は、表面の汚物をペーパータオル等で取り除き、スチームアイロンで熱殺菌し、その後布団乾燥機を使うと効果的です。布団乾燥機を使うときには窓を開け、換気を十分に行いましょう。

下洗いの際には次亜塩素酸ナトリウムが1,000ppm以上になるようにして消毒します。また、下洗い場所は次亜塩素酸ナトリウム（200ppm）の消毒後、洗剤を使用して掃除を行いましょう。次亜塩素酸ナトリウムには漂白作用があります。薬剤の「使用上の注意」を確認してください。

汚染したリネンを取り扱う前に薬液や汚染物の飛散による吸い込みの対策として、手袋とマスクを着用します。また、リネンを処理した後には石鹸と流水で30秒以上の手洗いを行いましょう。

※塩素系の漂白剤（使用に当たっては「使用上の注意」を確認しましょう）

Q7　指定洗濯物とは？

A 「指定洗濯物」とは、伝染性の疾病の病原体による汚染のおそれのあるものとして指定された洗濯物のことで、次のものがあります。

①伝染性の疾病にかかっている者が使用した物として引き渡されたもの

②伝染性の疾病にかかっている者に接した者が使用した物で、伝染性の病原体による汚染のおそれのあるものとして引き渡されたもの

③おむつ、パンツその他これらに類するもの

④手ぬぐい、タオルその他これらに類するもの

⑤病院又は診療所において療養のために使用された寝具その他これに類するもの

指定洗濯物を取り扱うクリーニング所は、保健所に届出が必要です。

また、指定洗濯物は、他の洗濯物と区別して取り扱います。

洗濯の前に消毒する方法か、消毒の効果のある方法で洗濯します。

①パッケージマスクの表と裏を確認する

ゴムひもを耳にかけ

②マスクを鼻の形に合わせて隙間を防ぐ

③マスクを下まで伸ばし顔にフィットさせる

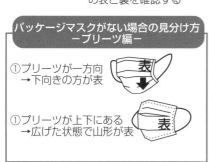

パッケージマスクがない場合の見分け方 －プリーツ編－

①プリーツが一方向
→下向きの方が表
表

①プリーツが上下にある
→広げた状態で山形が表
表

安全なマスクの外し方

①耳付近のゴムひもをつかみ外す

②マスクは表面に触れずビニールに入れて捨てる

③すぐに手を洗う

マスクの付け方と外し方

《消毒の方法》
（1）理学的方法
　　①蒸気による消毒
　　②熱湯による消毒

（2）化学的方法
　　①塩素剤による消毒
　　②界面活性剤による消毒
　　③ホルムアルデヒドによる消毒
　　④酸化エチレンガスによる消毒

《消毒効果を有する洗濯方法》
　①熱湯処理工程を含むもの
　②塩素剤による漂白工程を含むもの
　③テトラクロロエチレンでの洗濯・乾燥
　　工程を含むもの

Q8　衛生管理の注意点とは？

A　衛生管理上留意すべき事項については、衛生管理要領が定められています。この要領に基づく「自主点検表」のモデルは次のとおりです。

特殊な措置を行うクリーニング業者の
クリーンルーム

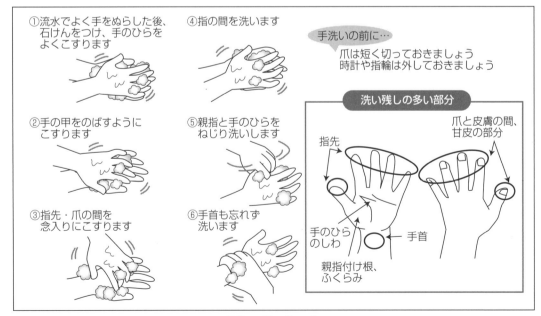

①流水でよく手をぬらした後、石けんをつけ、手のひらをよくこすります

②手の甲をのばすようにこすります

③指先・爪の間を念入りにこすります

④指の間を洗います

⑤親指と手のひらをねじり洗いします

⑥手首も忘れず洗います

手洗いの前に…
爪は短く切っておきましょう
時計や指輪は外しておきましょう

洗い残しの多い部分

指先　爪と皮膚の間、甘皮の部分
手のひらのしわ　手首
親指付け根、ふくらみ

正しい手の洗い方

クリーニング所における衛生管理要領による自主点検表モデル

［一般クリーニング所］

設備一般	1 施設内は、毎日清掃し、清潔で、整理整頓しているか。 2 照明器具、換気設備は、定期的に清掃しているか。 3 明るさは十分か（受渡し、しみ抜き、仕上げの作業面は 300 ルクス以上が望ましい）。 4 換気は、十分か。 5 受け渡し・しみ抜き・仕上げの作業台、洗濯物の収納容器・運搬容器、洗濯機、脱水機、乾燥機、プレス機などの洗濯物が触れる部分は、毎日清掃又は洗浄し、清潔にしているか。 6 未洗濯物と仕上げの終わった洗濯物は、区別して運搬・保管しているか。 7 仕上げの終わった洗濯物は、ほこりなどで汚染されないように保管しているか。 8 洗剤、消毒剤、有機溶剤は、ほこりなどで汚染されないように保管しているか。 9 ねずみ、昆虫はいないか。
消毒を要する洗濯物	10 未洗濯物で消毒を要するものは、その他の洗濯物と区別して収納・保管し、正しく消毒しているか。 11 回収した洗濯物の種類及び汚れの程度に応じて選別し、別々に処理しているか。 12 おむつ等、し尿の付着している洗濯物の前処理は本洗の前に所定の場所又は設備で行っているか。 13 前処理排水は適切に処理しているか。
ランドリー	14 清浄な水を使用しているか（水道法に基づく水質基準に適合する水であることが望ましい）。 15 洗剤濃度及びすすぎの回転数は適切か。 16 洗濯機・乾燥機の処理時間、温度は適切か。 17 自然乾燥は所定の乾燥場で行っているか。
ドライクリーニング	18 ドライ機・乾燥機の処理時間、温度は適切か。 19 ドライ機内の溶剤は、汚れていないか。また、溶剤中の洗剤濃度、溶剤相対湿度は、適切か（溶剤相対湿度は、75% 前後が望ましい）。 20 仕上げの終わった洗濯物に溶剤が残留していないか。 21 局所排気装置などの換気設備で十分に換気しているか。 22 ドライ機への溶剤充てん時に漏れはなかったか。 23 ドライ機の機械各部の継ぎ目から溶剤が漏れていないか。 24 溶剤回収装置は、正しく作動しているか。 25 排液処理装置は、正しく作動しているか。 26 溶剤は、密閉容器に入れ、日光のあたらない場所に保管しているか。 27 使用済みのカートリッジフィルター、ペーパーフィルター、蒸留残さ物は溶剤を十分に除去し、臭気、溶剤が漏れないように保管しているか。 28 蒸留残さ物等は適切に処理しているか。
従業者	29 従業者は、定期的に健康診断を受けているか。 30 結核、伝染するおそれのある皮膚疾患にかかっている者が業務に従事していないか。 31 従業者は、手指を清潔にし、清潔な作業衣を着用しているか。
その他	32 定められた保健所等への届出は、きちんと行っているか。

［取　次　所］

設備一般	1 施設内は、毎日清掃し、清潔で、整理整頓しているか。 2 照明器具、換気設備は、定期的に清掃しているか。 3 明るさは十分か（作業面は 300 ルクス以上が望ましい）。 4 換気は十分か。 5 受け渡し台、洗濯物の収納容器などは毎日清掃又は洗浄しているか。 6 未洗濯物と仕上げの終わった洗濯物は、区別して運搬・保管しているか。 7 未洗濯物で消毒を要するものは、その他のものと区別して収納・保管しているか。 8 仕上げの終わった洗濯物は、ほこりなどで汚染されないように保管しているか。 9 ねずみ、昆虫はいないか。
従業者	10 従業者は、定期的に健康診断を受けているか。 11 結核、伝染するおそれのある皮膚疾患にかかっている者が業務に従事していないか。 12 従業者は、手指を清潔にし、清潔な作業衣を着用しているか。
その他	13 定められた保健所等への届出は、きちんと行っているか。

第2章　衛生法規

1. 衛生法規

Q9　衛生法規による規制とは？

A　衛生法規には、医療法、医薬品医療機器等法、クリーニング業法、食品衛生法など多くの法律があります。クリーニング業法は、公衆衛生の維持・向上によって、公共の福祉の増進や国民生活の向上、利用者利益の擁護を図ることを目的として定められています。

　一般に、衛生法規は、まず、公衆衛生を確保するために、その法律が対象とする分野についての営業を自由に行うことができない規制をかけます。そのうえで、一定の基準を満たした場合に、その営業を行うことができるような仕組みとしています。

Q10　衛生法規の規制の基準とは？

A　衛生水準が向上した現在であっても、新型インフルエンザやノロウイルスなどの様々な感染症が発生することから、一定の衛生管理を行っていく必要があり、また、公衆衛生の向上を図る意味からも種々の規制がかけられています。最近では、クリーニング所に関する苦情が多様化する中、消費者の信頼を得ることも大切なことになっています。

　このため、公衆衛生上の観点と利用者擁護の立場から、2004（平成16）年にクリーニング業法を改正し、法律の目的に追加するなどされました（2004（平成16）年4月16日公布）。

公衆衛生の維持・向上だけでなく、利用者利益の擁護も図るんだ

人的な基準と物的な基準がある。クリーニング師の設置もその一つ。

改正のポイントは以下のとおりです。

①法律の目的に「利用者の利益の擁護を図ること」を追加

②営業者は、業務用の車両について必要な衛生措置を講ずること

③営業者は、洗濯物の受取り及び引渡しをする際、利用者に対し、洗濯物の処理方法などを説明するよう努めるとともに、苦情の申し出先を明示すること

④クリーニング所を設けないで車両のみで営業する新しい形態のクリーニングにかかる取次業を営もうとする場合においても、その旨を都道府県知事に届けること

Q11　クリーニング業とは？

A　クリーニング業法ではクリーニング業を「溶剤又は洗剤を使用して、衣類その他の繊維製品又は皮革製品を原型のまま洗たくすることを営業とすること」と定義しています。

ワイシャツや背広、おむつなどの衣類はもちろん、シーツ、タオル類、おしぼり、化学雑巾、布団、カーテンなどの繊維製品の洗濯や、革ジャンパーなどを洗濯することを営業とすることもクリーニング業に入ります。

なお、洗い張り業は、「衣類を原型のまま洗たく」するのではないので、クリーニング業ではありません。

Q12　コインランドリーの営業とは？

A　コインランドリーの営業は、機能的に洗濯物を処理する施設ではありますが、セルフサービスによって顧客が直接洗濯物の処理を行っており、洗濯機を貸与するレンタル業であることから、クリーニング業には当たりません。

しかし、コインランドリーの施設は多くの人が利用する施設であるため、その適正な衛生管理について、1983（昭和58）年3月に「コインオペレーションクリーニング営業施設の衛生措置等指導要綱」が定められています。

Q13　取次店とは？

A　クリーニング所には、洗濯物の処理を行ったり、洗濯物の受取りや引渡しを行うための一般クリーニング所と、洗濯物の処理は全く行わず、洗濯物の受取り・引渡しのみを行う取次店があります。

消費者の信頼を
得ることが大切です

消費者保護のために…

クリーニングに
関する苦情は
多様化してます

コインランドリーは、洗濯機のレンタル業です

11

Q14　店舗開設手続きとは？

A　クリーニング所を開こうとする者（営業者）は、保健所に開設届を提出する必要があります。保健所に開設届を出すと、保健所の職員（環境衛生監視員）が一般クリーニング所や取次店の基準が守られているかどうか検査のうえ、基準を満たしている旨の確認を行います。クリーニング所は、この確認を受けた後でないと営業をすることができません。

開設届には次のような事項が含まれています。

① クリーニング所の名称
② クリーニング所の所在地
③ クリーニング所開設の予定年月日
④ クリーニング所の構造及び設備の概要
⑤ 営業者（管理人がいるときは管理人を含む）の氏名、本籍、生年月日及び住所（会社の場合は、名称及び住所）
⑥ 従事クリーニング師の氏名、本籍、住所、生年月日、登録番号
⑦ 従事者数
⑧ 取次店にあっては、その旨
⑨ 指定洗濯物を取り扱わない場合は、その旨

※指定洗濯物についてはQ7（7ページ）を参照してください。

洗濯物の受取り・引渡しのみを行う取次店であっても、同様の届出及び確認が必要となります。

なお、上記の⑤⑥⑦をはじめ開設届の事項に変更が生じた場合、営業者はすみやかに保健所に変更届を提出する必要があります。

Q15　クリーニング師とは？

A　（クリーニング師免許）

クリーニング師免許は、各都道府県知事が行うクリーニング師試験に合格した者に与えられ、試験合格地の都道府県のクリーニング師名簿に登録されます。クリーニング師は免許を受けた都道府県以外でも勤務できますが、氏名を変更した場合や死亡により免許を返納する場合は、免許を受けた都道府県に届出することになります。

（クリーニング師の役割）

一般クリーニング所では、クリーニング師を1人以上置かなければなりません。クリーニング師は、そのクリーニング所の衛生管理を総括する実質的な責任者の役割を

クリーニング店の確認済証

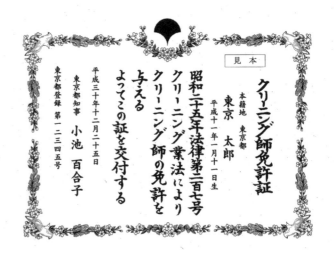

クリーニング師免許証

COLUMN
クリーニング所数の推移

　1992年と比較すると2020年のクリーニング所の総数は44.06%の減となっている。一方でクリーニング業法施行規則第1条に規定する指定洗濯物を取扱う施設数は2倍以上に増えている。クリーニング師は2000年からすべての年で対前年比マイナスを記録している。

クリーニング所数の推移

西暦	平成	一般施設総数	対前年比	指定洗濯物を取扱う施設数	対前年比	取次所数	対前年比	無店舗取次店営業者数	対前年比	従事クリーニング師数	対前年比
1992	4	153,810	—	1,659	—	102,141	—			71,565	—
1993	5	156,068	1.5%	1,608	-3.1%	104,839	2.6%			71,749	0.3%
1994	6	159,816	2.4%	1,779	10.6%	109,117	4.1%			71,155	-0.8%
1995	7	161,861	1.3%	1,727	-2.9%	111,907	2.6%			70,202	-1.3%
1996	8	163,554	1.0%	1,795	3.9%	113,991	1.9%			70,500	0.4%
1997	9	164,225	0.4%	1,997	11.3%	115,010	0.9%			69,742	-1.1%
1998	10	163,999	-0.1%	1,784	-10.7%	115,896	0.8%			69,964	0.3%
1999	11	163,027	-0.6%	1,848	3.6%	115,703	-0.2%			67,708	-3.2%
2000	12	162,347	-0.4%	1,978	7.0%	115,752	0.0%			66,880	-1.2%
2001	13	159,801	-1.6%	2,077	5.0%	113,953	-1.6%			66,871	0.0%
2002	14	157,112	-1.7%	2,198	5.8%	112,607	-1.2%			65,292	-2.4%
2003	15	155,109	-1.3%	2,175	-1.0%	111,068	-1.4%			65,796	0.8%
2004	16	150,753	-2.8%	2,233	2.7%	108,089	-2.7%	—		63,750	-3.1%
2005	17	147,395	-2.2%	2,360	5.7%	105,134	-2.7%	263	—	61,720	-3.2%
2006	18	143,989	-2.3%	3,599	52.5%	103,061	-2.0%	290	10.3%	61,579	-0.2%
2007	19	141,190	-1.9%	2,596	-27.9%	101,191	-1.8%	367	26.6%	59,893	-2.7%
2008	20	137,097	-2.9%	2,954	13.8%	98,586	-2.6%	346	-5.7%	57,742	-3.6%
2009	21	133,584	-2.6%	3,200	8.3%	95,805	-2.8%	386	11.6%	56,597	-2.0%
2010	22	126,925	-5.0%	3,390	5.9%	90,825	-5.2%	770	99.5%	54,916	-3.0%
2011	23	123,845	-2.4%	3,548	4.7%	87,386	-3.8%	1,692	119.7%	53,941	-1.8%
2012	24	118,188	-4.6%	3,322	-6.4%	83,274	-4.7%	1,808	6.9%	51,190	-5.1%
2013	25	113,567	-3.9%	3,292	-0.9%	79,773	-4.2%	1,789	-1.1%	49,737	-2.8%
2014	26	108,513	-4.5%	3,407	3.5%	76,341	-4.3%	1,801	0.7%	47,314	-4.9%
2015	27	104,180	-4.0%	3,448	1.2%	72,888	-4.5%	1,869	3.8%	45,684	-3.4%
2016	28	99,709	-4.3%	3,511	1.8%	69,929	-4.1%	1,933	3.4%	43,654	-4.4%
2017	29	96,041	-3.7%	3,495	-0.5%	67,110	-4.0%	1,939	0.3%	42,843	-1.9%
2018	30	89,979	-6.3%	3,499	0.1%	64,266	-4.2%	1,963	1.2%	41,004	-4.3%
2019	令和1	86,043	-4.4%	3,453	-1.3%	61,316	-4.6%	2,062	5.0%	39,669	-3.3%
2020	令和2	81,541	-5.2%	3,435	-0.5%	58,138	-5.2%	2,159	4.7%	37,862	-4.6%

※1996（平成8）年までは12月末、1997（平成9）年以降は3月末現在
出典：生活衛生関係営業ハンドブック、厚生労働省衛生行政報告例

担います。

クリーニング師は、クリーニング所の施設や設備、器具の適切な管理、さらに、洗濯物の適正な処理や、有機溶剤を扱っている場合はその適正な使用管理について、指導者的立場にあります。

また、クリーニング所が業務の中で環境などに影響をもたらすことがあるため、環境保全といった面にも配慮が求められます。

Q16　クリーニング師の研修とは？

A　実際に業務に従事しているクリーニング師は、クリーニング師の資格取得後も、衣類の素材の多様化、クリーニング業にかかわる衛生管理、安全管理や地球環境問題等の知識・情報を修得し、クリーニング業における事故防止、クリーニング師の資質向上のために、厚生労働大臣の定める基準に従い、都道府県知事が指定した研修を受ける義務があります。

研修は業務に従事するようになってから1年以内に、その後は3年に1回の割合で受けることになっています。

なお、クリーニング所に複数のクリーニング師が従事している場合は、その全員に受講の義務があります。また、事業者には、クリーニング師に対して研修受講の機会を与えることが義務付けられています。

厚生労働省・環境省

Q17　業務従事者講習とは？

A　事業者は、クリーニング所の業務従事者に対して、洗濯物の衛生的な取扱いやクリーニング事故防止の観点から、必要な知識・情報を習得するため、都道府県知事の指定した講習を、クリーニング所の開設後1年以内に、その後は3年に1回の割合で受けさせることが義務付けられています。この場合、講習の受講者は、クリーニング所の従事者5人に1人の割で営業者が指定します。

クリーニング所の従事者は、持ち込まれた洗濯物の受付け段階での衛生措置や、利用者への説明義務を十分果たすことが求められています。この講習を通じて、クリーニングの知識や繊維製品の知識の修得を行い、消費者・利用者の信頼を得ていくことが求められています。

なお、講習を修了した業務従事者がクリーニング所を異動した場合、その修了資格は異動した者に付随して異動先のクリーニング所に移転します。

Q18　地下水汚染未然防止とは？

A　水質汚濁防止法では、有害物質による地下水の汚染を未然に防止するため、有害物質を使用・貯蔵等する施設の設置者に対し、地下浸透防止のための構造、設備及び使用の方法に関する基準の遵守、定期点検及びその結果の記録・保存を義務付ける規定等が設けられています。

クリーニング業で使用されるテトラクロロエチレン、フッ素系溶剤等も対象物質となるため、これらを使用するクリーニング所では対応が必要となります。

全てのクリーニング所において、床面をコンクリートなどの不浸透性の素材で覆うことや、防液堤又はステンレス鋼の受け皿を機械に設置するなど（環境省の事例集及

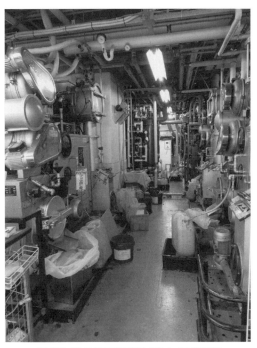

有害物質の地下浸透を防止する設備

び解説）の措置が必要です。

Q19　化学物質排出量の届出とは？

A　PRTR制度（Pollutant Release and Transfer Register：化学物質排出移動量届出制度）とは、特定化学物質の環境への排出量の把握等及び管理の改善の促進に関する法律（化管法）に基づく環境汚染物質の排出移動登録制度のことであり、有害性のある多種多様な化学物質が、どのような発生源からどのくらい環境中に排出されたのか、あるいは廃棄物等に含まれて事業所の外に運び出されたのか、というデータを把握して、それを集計し、公表する仕組みです。

　具体的には、事業者として常用雇用者数21人以上で、テトラクロロエチレンなど第１種指定化学物質の年間取扱量が１トン以上であるクリーニング所は、環境中に排出した第１種指定化学物質の量と、廃棄物等として処理するため、事業所の外に移動させた量とを、自ら把握して、年１回、様式に従い、都道府県知事を経由して、クリーニング業を所管する厚生労働大臣に届け出ることとなっています。

Q20　フロン類の排出抑制とは？

A　オゾン層破壊効果又は高い温室効果を持つフロン類の排出抑制は、オゾン層保護及び気候変動防止の観点から非常に重要です。国内の制度に基づき、適切なフロン類の処理が必要となります。我が国では、業務用冷凍空調機器（溶剤冷却装置等）に使用されるフロン類の排出削減に向けて、2001（平成13）年から、フロン類のライフサイクル全体にわたる対策を定めたフロン類の使用の合理化及び管理の適正化に関する法律（フロン排出抑制法）において、フロン類製造・輸入業者及びフロン類使用製品（冷凍空調機器等）の製造・輸入業者に対するノンフロン・低GWP（温室効果）化の推進、機器ユーザー等に対する機器使用時におけるフロン類の漏えいの防止、機器からのフロン類の回収・適正処理等が求められています。加えて、冷凍空調機器の冷媒回収率向上に向け、機器ユーザーの廃棄時のフロン類引渡義務違反に対して、直接罰を導入するなど、関係事業者の相互連携により機器ユーザーの義務違反によるフロン類の未回収を防止し、機器廃棄時にフロン類の回収作業が確実に行われる仕組みを構築するため、2020年4月から同法の改正法が施行されています。業務用冷凍空調機器の使用に当たっては定期的な点検の実施、廃棄の際にはフロン類充填回収業者へと冷媒の回収依頼を適正に実施する必要があります。

　クリーニングの洗浄剤としては、引き続

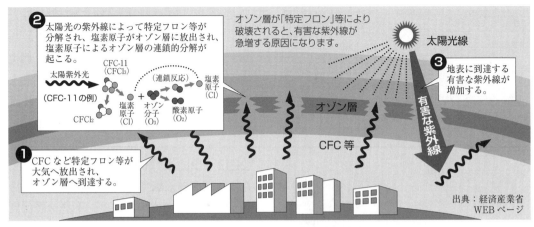

② 太陽光の紫外線によって特定フロン等が分解され、塩素原子がオゾン層に放出され、塩素原子によるオゾン層の連鎖的分解が起こる。

太陽紫外光
(CFC-11の例)

CFC-11
(CFCl₃)

（連鎖反応）

塩素原子
(Cl)

CFCl₂

＋

塩素原子
(Cl)

オゾン分子
(O₃)

酸素原子
(O₂)

オゾン層が「特定フロン」等により破壊されると、有害な紫外線が急増する原因になります。

太陽光線

③ 地表に到達する有害な紫外線が増加する。

オゾン層

CFC 等

有害な紫外線

① CFC など特定フロン等が大気へ放出され、オゾン層へ到達する。

出典：経済産業省
WEBページ

フロン対策の必要性（オゾン層の保護）

き一部で、特定フロンであるHCFCや代替フロンであるソルカンが用いられていますが、環境保護の観点からは溶剤の転換が望まれます。ソルカンの使用に伴う温室効果ガスの排出量は、地球温暖化対策の推進に関する法律（温対法）施行令第7条で定める算定方法に基づいて算定されます。この排出量が一定量を超えた場合であって、常時使用する従業者数が21人以上の事業者である場合には、温室効果ガス排出量を報告する必要があります。

Q21　パークの管理とは？

A　ドライクリーニング機械は密閉度が高く、溶剤自体も蒸留して再利用するなど、ロスをなるべく抑える構造となっていますが、いろいろな処理工程からドライクリーニング機の外へ漏出します。

　水質汚濁防止法では、有害物質であるパーク＝テトラクロロエチレン（まめ知識90ページ参照）の地下浸透を禁止しており、地下への浸透防止のための構造、設備、使用方法に関する基準を定めるとともに、定期点検の実施及び点検結果の記録、保存を義務付けています。

Q22　労働者の安全・衛生とは？

A　労働安全衛生法は、職場における労働者の安全と健康を確保するとともに、快適な職場環境の形成を促進することを目的としており、クリーニング事業者は、労働基準監督署による指導・監督を受けることとなります。

（1）石油系溶剤などの有機溶剤

　同法に基づく「有機溶剤中毒予防規則（以下「有機則」という。）」では、ドライクリーニングの洗濯溶剤として用いられている石油系溶剤をはじめとする有機溶剤を対象として、危険有害性の確認と周知、作業主任者の選任、有機溶剤蒸気の発散源対策、作業環境測定、掲示と保管、特殊健康診断などを定めています。

（2）テトラクロロエチレン

　有機溶剤のうちテトラクロロエチレンは、有機則による規制の対象となっていましたが、2014（平成26）年11月から、労働安全衛生法に基づく「特定化学物質障害予防規則（以下「特化則」という。）」が適用され、有機則よりも厳格に管理することが求められています。

有機溶剤等使用の注意事項

一　有機溶剤の人体に及ぼす作用
主な症状
（1）頭痛
（2）けん怠感
（3）めまい
（4）貧血
（5）肝臓障害

二　有機溶剤等の取扱い上の注意事項
（1）有機溶剤を入れた容器で使用中でないものには、必ず、ふたをすること
（2）当日の作業に直接必要のある量以外の有機溶剤等を作業場内へ持ち込まないこと
（3）できるだけ風上で作業を行い、有機溶剤の蒸気の吸入をさけること
（4）できるだけ有機溶剤等を皮膚にふれないようにすること

三　有機溶剤による中毒が発生したときの応急処置
（1）中毒にかかった者を直ちに通風のよい場所に移し、速やかに衛生管理者その他の衛生管理を担当する者に連絡すること
（2）中毒にかかった者を横向きに寝かせ、できるだけ気道を確保した状態で身体の保温に努めること
（3）中毒にかかった者が意識を失っている場合は、消防機関への通報を行うこと
（4）中毒にかかった者の呼吸が止まった場合や正常でない場合は、速やかに仰向きにして心肺そ生を行うこと

有機溶剤等使用の注意事項

正しく使用し、労働者のばく露防止・健康管理のために、事業者が守らなければならない主な項目は、次のとおりです
1　作業環境測定の実施、評価に基づく改善措置
2　発散源対策
3　特定化学物質作業主任者の選任
4　特殊健康診断の実施、結果に基づく事後措置
5　発がん性を踏まえた措置

①作業記録の作成及び保存（30年間）
②有害性等の掲示
③作業環境の測定結果と評価結果、特殊健康診断結果等の記録の保存（30年間）
6　安全衛生教育の実施

なお、クリーニング業を廃業する際には、作業記録、作業環境の測定結果と評価結果の記録、特殊健康診断結果の記録を所轄労働基準監督署に提出することとなっています。

はりめぐらされたスチームとドレーンの配管

特定化学物質作業主任者の職務

第3章　環境保護に関する取組みと法規

Q23　ＳＤＧｓとは何ですか？

A　ＳＤＧｓ（Sustainable Development Goals）とは、2015年に国連の「持続可能な開発サミット」で採択された国連が主導する持続可能な開発目標のことです。

　世界が2030年までに達成すべき環境や社会、経済にまたがる17の目標とその目標をより明確化した169のターゲットが示されています。

Q24　ＳＤＧｓの17の目標の中で、クリーニング業界が取組めるものはありますか？

A　クリーニング業は、ＳＤＧｓの提唱より以前から、地球環境問題への取組みや国民が豊かで暮らしやすい生活など、多大な貢献を果たしてきました。

　これらの取組みとＳＤＧｓが提唱する目標との関係で言えば、例えば、資材のリサイクルやゴミ削減などの活動は、目標12（つくる責任つかう責任）と深く関係しますし、その他にも目標7（エネルギーをみんなにそしてクリーンに）、目標8（働きがいも経済成長も）などの目標と関係するものが多いと言えます。

	目標	事例
目標7	すべての人々の、安価かつ信頼できる持続可能な近代のエネルギーへのアクセスを確保する	・省エネ設備の導入 ・再生可能エネルギーの使用 ・集配ルートの最適化 ・電気自動車の導入 ・エアコンの温度設定
目標8	包摂的かつ持続可能な経済成長及びすべての人々の安全かつ生産的な雇用と働きがいのある人間らしい雇用（ディーセント・ワーク）を促進する	・ワークシェア ・従業員のスキルアップの支援 ・健康経営の導入・実践 ・障害者雇用・支援
目標12	持続可能な生産消費形態を確保する	・プラスチックハンガーの回収・再利用・不使用・再資源化 ・古着や制服の下取りやリサイクル ・エコバックの配布 ・レジ袋の有料化 ・天然素材の石鹸や洗剤の使用

Q25 クリーニング事業者や業務従事者が行えるＳＤＧｓの取組みは、どのようなものがありますか?

A いずれも一例ではありますが、

①目標７（エネルギーをみんなにそしてクリーンに）では、省エネ設備の導入や集配ルートの最適化、

②目標８（働きがいも経済成長も）では、従業員のワークシェアや天然素材を使った石鹸や洗剤の使用、

③目標12（つくる責任つかう責任）では、プラスチックハンガーの回収・再利用、

といったものが挙げられます。

ＳＤＧｓは決して難しい取組みではなく、クリーニング業に従事される方も日常業務や日常生活の中で法令やルールを遵守する、真摯に業務に取組むことで十分な貢献ができるものとなっています。

Q26 クリーニング業界はＳＤＧｓに貢献する業界である、ことをどのようにアピールすればよいですか?

A 近年、社会的にもＳＤＧｓに対する認知度が高まっていることを踏まえ、クリーニング業界でもＳＤＧｓに積極的に取組んでいることを社会やお客様に広くアピールすることが、業界にとっても大事な要素となっています。

具体的な手段として、お客様が目にしやすい広告（ポスター、チラシなど）やホームページ、ＳＮＳなどを通じて周知することが考えられますが、一方で社会やお客様から、「ＳＤＧｓウォッシュ（うわべだけのＳＤＧｓの取組みや貢献しているふりをすること）」と誤解されないよう、十分な注意が必要です。

Q27 プラスチック資源循環促進法とはどのような内容の法律ですか?

A プラスチックは、その有用性から、幅広い製品や容器包装など現代社会に欠かせない素材である一方、近年、プラスチックごみによる世界的な海洋汚染や地球温暖化などの諸課題を背景に、国内でもプラスチックの資源循環に向けてさらなる体制強化が求められています。

これらに対応するため、令和４年４月に「プラスチック資源循環促進法」が施行され、

① 設計・製造段階においては、環境配慮設計を促し、

② 販売・提供段階においては、消費者に無償で提供されるプラスチック使用製品の使用の合理化を求め、

リサイクルにご協力をお願いします

SDGsは難しい取組みではありませんよ

③ 排出・回収・リサイクル段階において
　は、市区町村による再商品化や事業者に
　よる自主回収及び再資源化を促進する
など、プラスチックのライフサイクル全般
での対策を講じる内容となっており、ク
リーニング事業者でもプラスチックの３R
＋Renewable（再生プラスチックやバイオ
マスプラスチックの利用など）の取組みが
求められます。

Q28　本法律の施行に伴い、クリーニング業事業者や業務従事者は何をすればよいのですか？

A　クリーニング事業者や業務従事者は
「特定プラスチック使用製品提供事業者」
として、特定プラスチック使用製品の使用
の合理化の取組み、「排出事業者」とし
て、プラスチック使用製品産業廃棄物等の
排出の抑制及び再資源化等の取組みが求め
られています。

※1）特定プラスチック使用製品とは、
　　フォーク、スプーン、テーブルナイフ、マド
　　ラー、飲料用ストロー、ヘアブラシ、くし、か
　　みそり、シャワーキャップ、歯ブラシ、衣類用
　　ハンガー、衣類用カバーの12製品です。
※2）対象業種は、
　　各種商品小売業（無店舗のものを含む。）、各種
　　食料品小売業（野菜・果実小売業、食肉小売
　　業、鮮魚小売業及び酒小売業を除き、無店舗の
　　ものを含む。）、宿泊業、飲食店、持ち帰り・配
　　達飲食サービス業、洗濯業が指定されています。

　また、実際にクリーニング事業者で取組
める使用の合理化の具体的な例として、
・提供を辞退した消費者にポイント還元等
　を行うこと
・繰り返しの使用や使用可能な製品を提供
　すること
・薄肉化や軽量化された製品を提供すること
・再生プラスチックやバイオマスプラス

プラスチック有料化の対象となる「特定プラスチック使用製品」は、12製品。
クリーニング店は、ハンガー、衣類用のカバー

対象製品	対象業種※
①フォーク　②スプーン　③テーブルナイフ　④マドラー　⑤飲料用ストロー	●各種商品小売業（無店舗のものを含む） ●飲食料品小売業（野菜・果実小売業、食肉小売業、鮮魚小売業及び酒小売業を除き、無店舗のものを含む） ●宿泊業 ●飲食店 ●持ち帰り・配達飲食サービス業
⑥ヘアブラシ　⑦くし　⑧かみそり　⑨シャワーキャップ　⑩歯ブラシ	●宿泊業
⑪衣類用ハンガー　⑫衣類用カバー	●各種商品小売業（無店舗のものを含む） ●クリーニング業

出典：総務省

チックを利用した製品を提供すること
などが挙げられます。

その他、目標の設定や提供量の把握・取
組み状況等の公表、消費者への情報提供等
が求められています。

Q29　本法律に違反したり目標が達成できなかった場合、罰則や罰金はありますか？

国は、特定プラスチック使用製品提供事
業者に対して、必要な指導及び助言をする
ことができることとなっています。

また、「特定プラスチック使用製品多量
提供事業者」に対しては、使用の合理化の
取組みが著しく不十分な場合、指導・助言
に留まらず、勧告・公表・命令を行うこと
ができ、命令にも違反した場合、50万円
以下の罰金が処せられます。

※）特定プラスチック使用製品多量提供事業者と
は、前年度において提供した特定プラスチック
使用製品の量が5トン以上である場合を指します。

Q30　プラスチックごみの削減や資源の循環に向けて、社会やお客様に対して理解いただくための具体的な取組み例を教えて下さい

プラスチックごみの削減や資源循環社会
を推進するため、プラスチック使用製品の
製造業者やクリーニング業を含むプラス
チック使用製品の提供事業者だけの努力で
はなく、広く社会やお客様からの理解と協
力をなくして、その社会を実現することは
できません。

クリーニング事業者や業務従事者は、Q
28にある取組みを進めるとともに、法律
ができる以前から省エネルギーや地球環境
保護に積極的に取組み貢献して来たこと、
近年、社会的にも認知度が高まっているS
DGsにも積極的であることについてQ26
にもある通り、お客様が目にしやすい広告
（ポスター、チラシなど）やホームペー
ジ、SNSなどを通じて広く周知する取組
みが求められます。

洗濯物の受取り、保管及び引渡し

Part 2

第1章
クリーニング業を取り巻く社会的環境　　　25

第2章
クリーニングでの問題事例に学ぶ　　　27

第3章
カウンター業務の重要性　　　29

第4章
繊維製品等に関する表示の基礎知識　　　55

第5章
消費者保護に関する取組みと法規　　　68

　はじめに　新型コロナウイルス感染症は社会に大きな影響を及ぼしました。クリーニング業も同様で、受付時や接客等についてのガイドラインが策定されました。感染症対策は日々変化しているため、ガイドラインも随時改訂が行われています。したがって、その時々の政府および厚生労働省が公表するガイドラインに準じる必要があります。第12クールでは新型コロナウイルスを含む基本的な感染症への対策を学びます。

第1章　「クリーニング業を取り巻く社会的環境」

　厚生労働省の衛生行政報告例によると、クリーニング一般施設総数は1992年の15万3810から2020年には8万1541と大幅に減少しています。一方で、指定洗濯物を取扱う施設数は1992年の2倍、2005年に263であった無店舗取次店営業者数は2020年には2159と8.21倍に増えています。利用者擁護・消費者安全等への知識を深めてください。

第2章　「クリーニングでの問題事例に学ぶ」

　これまでに見られた一般的な苦情の他にも、個人情報の取扱い、インターネット宅配クリーニング等、問題事例も年々多様化しています。各事例には「クリーニング店に望まれる対応」の項目を設けています。クリーニングはサービスがお客様の目の前で行われないため、トラブルの多くは事故原因や責任所在が曖昧となり、感情的な問題につながりやすいことを認識してください。

第3章　「カウンター業務の重要性」

　業務従事者はお客様と直に接する機会が多く、トラブル防止のためにはカウンター業務は重要です。受取り、引渡しなどの基本的事項およびクリーニング事故賠償基準についての理解を深めます。新型コロナウイルスおよび基本的な感染症への対策を学びます。

第4章　「繊維製品等に関する表示の基礎知識」

　家庭用品品質表示法による繊維製品の品質表示や洗濯、クリーニングなどの取扱い方法に関する情報を伝える取扱い表示について学びます。表示記号は、2016（平成28）年12月1日からISOに整合化したJIS L 0001に切り替えられていますが、現在でも新旧表示記号が混在した状態が続いています。

第5章　「消費者保護に関連する法規」

　クリーニング事業者は、クリーニング業法以外にも他の事業者と同様に消費者の権利や保護に関連する法規を遵守しなくてはなりません。

　消費者基本法、消費者契約法、個人情報保護法などの法律について学びます。

第1章　クリーニング業を取り巻く社会的環境

クリーニング需要は、就労人口の減少、衣類のカジュアル化に加え、家庭用洗濯機・洗剤等の性能向上もあり、1992（平成４）年をピークに減少傾向が続いています。縮小する市場の中で同業者間の競争が激化し、二極化の進む社会背景と相まって、クリーニング業界も高級・専門化と低料金の二極化が進み、低価格を追求する結果として一部では提供するサービスの低下を招き、苦情となるケースもあります。

また、消費者ニーズは多様化し、特にインターネットやコンビニエンスストアでの受付け、マンション等のボックス方式などの利便性が求められています。これら新サービスは、消費者の利便に対する欲求は充足させるものの、一方ではクリーニング業としての本来の責務である品物の相互確認が省略されるケースもあり、新たな苦情やトラブルも増えています。

クリーニングサービスは他のサービスと異なり、お客様の目の前でクリーニング処理をしないため、苦情が後日顕在化するという特性があります。国民生活センターに寄せられるクリーニングに関する相談件数は、毎年減少しているものの、「相互確認不足」は続いています。

消費者利益が重視される社会の中、クリーニング業界としても利用者に不利益が生じないよう、必要な義務を遂行することが強く求められています。

クリーニング業法では、「利用者の利益の擁護」を図るため、「営業者は洗濯物の受取及び引渡しをしようとするときは、あらかじめ、利用者に対し、洗濯物の処理方法等について説明するよう努めなければならない。」、「苦情の申出先を明示しなければならない。」としています。

クリーニング業を取り巻く環境も大きく変化しており、バッグ、靴、剣道防具など新しいクリーニング品目の増加などもあり、2015（平成27）年に「クリーニング事故賠償基準」が見直され施行されています。

消費者基本法においても、事業者に対し、消費者の安全及び取引における公正を確保すること、必要な情報を明確かつ平易に提供すること、消費者との間に生じた苦情を適切かつ迅速に処理すること、環境の保全に配慮し、サービスの品質等を向上させ、自主活動基準の作成等により消費者の信頼を確保するよう努めること等が求められています。

さらに、個人情報の保護に関する法律（個人情報保護法）は重要です。個人情報保護法では、個人情報の取扱いについて事業者の守るべき責務等が定められています。この法律は、高度情報通信社会の進展に伴い、個人情報の利用が著しく拡大しているため、個人情報の有用性に配慮しつつ、個人の権利や利益を保護することを目的としています。個人情

杉並区立消費者センターの冊子

報とは、生存する個人に関する情報で、情報に書いてある名前や生年月日により個人を識別できるもの、または他の情報と容易に照合することができて、それによって特定の個人を識別できるものと規定されています。個人情報は個人の人格尊重の下に慎重、適正に取り扱われるべきとの基本理念（法第3条）に基づき、2017（平成29）年の改正で1件でも個人情報を取り扱っている事業者はすべて個人情報保護法が適用されることになりました。会員カードの作成時には利用目的を明示するなど、個人情報保護への積極的な取組みが求められます。

　クリーニング業界においても、法令遵守の下、消費者のニーズに即したサービスや適切な情報の提供に努め、お客様の満足度を高める経営が望まれます。クリーニング業者は、クリーニング業法、水質汚濁防止法や建築基準法、消防法など業務に関わる法令等のみならず、企業を取り巻く多数の法令や企業倫理を守り、健全な事業活動をすることが求められています。それは、工場の設備や日々のカウンター業務、クリーニング処理、機器の管

理、廃棄物の処理など営業に関するあらゆる分野で多岐にわたる法令や規範等を遵守することであり、これを従業者全員に徹底させることが重要です。

Sマーク

Sマーク

厚生労働大臣認可
標準営業約款 登録店

S

クリーニング業
有効期限　　　年　月

公益財団法人
全国生活衛生営業指導センター

標準営業約款（Sマーク）制度は、消費者保護のための制度で、技術水準や事故の場合の補償制度などを完備した旨の登録を行った店には、Sマークの表示がされている。

Sマークは厚生労働大臣が認可した「標準営業約款」の登録店のマーク。
マークのSは、Standard（安心）・Sanitation（清潔）・Safety（安全）の頭文字をとったものである。

COLUMN
PIO-NETにみる消費生活相談の傾向と特徴

　国民生活センターは全国の消費生活センター等をオンラインネットワークで結び、消費生活に関する相談情報の統計を作成している。2020（令和2）年度の相談件数は約93.93万件で、2019（令和元）年度の約93.95万件に比べ0.02％減少した。クリーニング師研修が開始された1989（平成元）年度の相談件数の16.6万件と2020年度を比較すると5.7倍、一方で過去最大だった2004（平成16）年度との対比では半分以下に減少している。

　利用した覚えのないサイト利用料の請求など「架空請求」の相談は、2012年度から2018年度にかけて増加し2017年度と2018年度は20万件を超えたが、2019年度は10.9万件、2020年度は2.8万件と大幅に減少した。

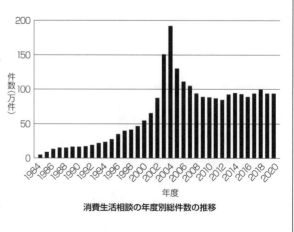

消費生活相談の年度別総件数の推移

第2章　クリーニングでの問題事例に学ぶ

1. クリーニング苦情の傾向

　全国の消費生活センターが扱った消費者相談のうち、クリーニングに関する相談件数は図Ⅱ－1のように推移しています。

　2020（令和2）年度の商品・役務全相談件数は93.9万件で、2019（令和元）年度に比べ若干減少しています。2019年度に比べて増加件数が多いのは、「他の保健衛生用品」「紳士・婦人洋服」「健康食品」で、減少件数が多いのは「商品一般」「インターネット接続回線」「放送サービス」でした。クリーニングは、2020年度は2,611件で、2019年度に比べて1,125件減少しました。クリーニングの内訳をみると、「品質・機能、役務品質」が1,692件、「契約・解約」が1,567件、「接客対応」が1,033件の順でした。

　クリーニング苦情の特徴は、サービスがお客様の目の前で行われないこともあってか、品物の引渡し後しばらく経過してから、お客様側が申し出られることです。実際、全国クリーニング生活衛生同業組合連合会のクリーニング綜合研究所に寄せられる事故品の5割から6割程度は、お客様に引渡し後の苦情となっています。しかもそれら事故品の中には目視で確認できる事例も多く見受けられます。

　時間が経過してからの苦情は、事故原因や責任の所在が追跡できないことも多く、感情的なトラブルに発展してしまうこともあります。そうならないためには、洗濯物を引き渡す前の最終点検と、引渡し時のお客様との相互確認の徹底が重要です。

　相互確認は、受取り時と引渡し時にそれぞれ実施します。しかし、お客様で店内が混雑しているときなど、その場でできない場合でも、クリーニング前にしっかりチェックし、破損や変退色、ボタン取れなどの異常を発見した場合はすぐにお客様に連絡し、了解を得てからクリーニングに取りかかるべきです。それが、クリーニングトラブルの防止につながります。また、引渡し時もカウンターでカバー（包装）を外すなどして、お客様との相互確認に努める必要があります。

　クリーニングの各工程においても検品体制の充実、情報伝達方法の確立が求められます。前述のとおり、目視で確認できる事故が多いにもかかわらず、そのままお客様

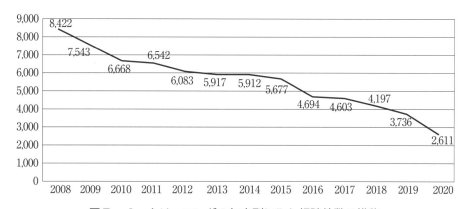

図Ⅱ－1　クリーニングの年度別にみた相談件数の推移

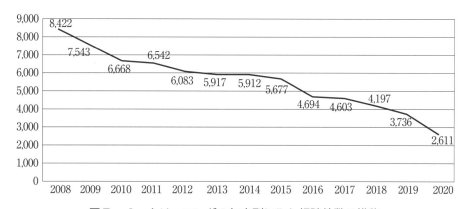

洗濯物の受取り、保管及び引渡し

に不具合があることを知らせずに品物を引き渡すのは誠実さに欠ける行為です。検品体制の強化とともに、お客様への情報伝達を図る必要があります。

2. クリーニングの問題事例

お客様からのクレームは様々です。

冒頭に最近の問題事例を紹介しています。各事例には「クレームの内容」、「クレームの原因」、「クリーニング店に望まれる対応」、「トラブル防止のポイント」を示しています。

クリーニングクレームには、クリーニング業者に起因したもの、アパレルメーカーに起因したもの、お客様（消費者）に起因したもの、またそれらが複合的に作用したものなどがあります。さらに、クリーニングする品物は新品ではなく、着用、洗濯・クリーニング、保管など消費過程にあります。当然、お客様によって着用状況、洗濯やクリーニングの状況、保管状況などが異なり、場合によっては年数を経過した品物もクリーニングすることになります。そのため、クリーニング業者は受取り時に手際

よくポイントをチェックし、品物に適したクリーニングを行い、適正な状態の品物を引き渡す必要があります。

目視で確認できる異常であれば、受取り時から引渡し時までの工程中に的確な検品を行うことでチェックできるはずです。これをクリーニングが終了して返却した後にお客様から申し出を受けることは、お客様から預かった洗濯物を適正な状態で引き渡すクリーニング業としての「義務」を怠ったことになります。

仮に、事故の原因がお客様側にある場合でも、その義務を怠ったことについては、お客様に対しての賠償責任が問われることとなっています。

本来であれば負担する必要のない賠償責任を回避するためにも、クリーニングの作業現場では目視による検品を確実に行うことが必要です。また、発見した異常を直ちにお客様に連絡することや、合理的な説明資料を示しながら事故原因を説明して、クリーニングでは起こり得ない現象であることを引渡しの前の段階で了解を得るような体制を整えることが必要です。

COLUMN
クリーニングに関する内容別消費生活相談

1990（平成2）年度は変色・シミ・穴あきなどが、クリーニングに関する消費生活相談（複数回答）の53.3%と過半数超を占めていた。2020（令和2）年度には33.1%まで低下したが、一方で「契約・解約」11.7%から30.7%へ約3倍となっている。11項目あるクリーニングに関する消費生活相談のうち、「接客対応」を含めた3項目で全体の84%を占めている。この傾向は1990年の調査から大きな変化はない。

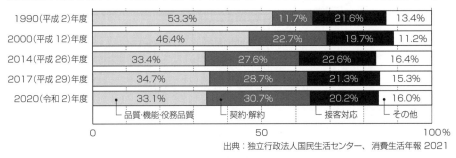

出典：独立行政法人国民生活センター、消費生活年報 2021

第3章　カウンター業務の重要性

1. カウンター業務

　消費者が求める衣料品は、薄く、軽く、ソフトな風合い、新しい機能や特性を持った素材や加工（保温性、吸湿発熱、接触冷感、吸水速乾、抗菌防臭、はっ水・防水、形態安定、透け防止、防炎・難燃、汗ジミ防止、防汚、遮熱性、抗ウイルス性、紫外線遮蔽、光吸収発熱、防蚊性など）、またストレッチ性など着心地の良さを求める傾向にあります。そのためメーカーは、様々な工夫を凝らした素材や衣料品を開発し、消費者ニーズに応えようとしています。

　クリーニング業では、こうした新しい素材や加工を施した衣料品の取扱いに対して的確な判断をし、適正かつ合理的、効率的な処理を行うことが必要です。

　しかし、クリーニング業者がいかに的確な判断、適切な取扱いを行ったとしても、素材や加工自体の特性上、何らかの変化が生じてしまう衣料品が現実に販売されているのも事実です。

　本来、こうした衣料品については、販売する側が着用やクリーニングで変化が生じる可能性のあることを伝え、消費者もそれを納得したうえで、購入・着用・更にクリーニングを利用すべきですが、現状ではほとんど実行されていません。販売者の商品に対するデメリット情報やメンテナンス情報の、消費者への提供が切望されます。

　カウンター業務は、こうしたクリーニングによって予想される素材や加工自体の特性上の変化をあらかじめ消費者に伝えることで、トラブルの防止を図ることが求められます。そのためには、対面での接客が必要であり、カウンターには、繊維素材の特性やクリーニングについての十分な知識を持った人材を配置するとともに、インターネットで情報収集するなど、カウンター業務のIT化も必要となっています。

2. 望ましいカウンター業務の手順

　クリーニングは、お客様の特定物（財産）を預かって処理することを業としているため、お客様との間に信頼関係を築くことが重要です。細心の注意を払ったクリーニング処理が望まれることはもちろん、クリーニング事故の防止に努めなければなりません。

　クリーニングを法律面からみますと、請負契約と寄託契約の混合契約で成り立っており、利用者との契約に基づき、適切なクリーニング処理を行う債務と洗濯物を適切に保管し引き渡す債務を負うことになります。また、クリーニング業者には職務上次のような「注意義務」が求められます。

　①洗濯物の状態把握義務
　②適正クリーニング処理方法選択義務
　③処理方法等説明義務
　④クリーニング完全実施義務
　⑤受寄物返還義務

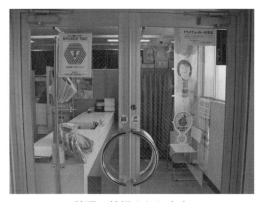

整理・整頓された店内

カウンターでは、お客様情報の管理が必要です。まずは、個人情報（名前、住所、電話番号など）を伺い、登録・管理します。預り証には、必要最小限の個人情報を記入（入力）します。万一お客様が洗濯物を引取りに来ないときの連絡先は、台帳やPOSで確認します。洗濯物は「お客様からの大切な預り物」ですから、適正に管理して必ずお渡ししなければなりません。洗濯物を引き渡すときには、「預り証」と照合して、受取り時の点検項目やお客様の要望に対応できているかを確認します。

クリーニングは、品物の受取りに始まり、品物の引渡しで契約が終了します。品名、数量だけでなく、付属品や加工・修理を行った部分などもお客様と相互確認します。お客様が預り証を紛失した場合は、店の預り証控えと別途用意した「お渡し簿」などに品物受領サインを求めるようにします。預り証控えやお渡し簿は、トラブルを

防ぐために３年間以上保管しておくとよいでしょう。

カウンターでは受取りも引渡しもしますので、清潔に保ち、和服などの受取り時は専用の布を広げて対応しましょう。

COLUMN
契約当事者年代別等にみたクリーニングの相談件数

2020（令和2）年度の消費生活センターへのクリーニングに関する2611件の相談件数のうち、年代別では50代が22.6%を占め、70歳以上の高齢者も21%であった。男女別では女性が74%、職業別では給与生活者と家事従事者で全体の76%であった。（不明・無回答は含まない・件数は複数回答）

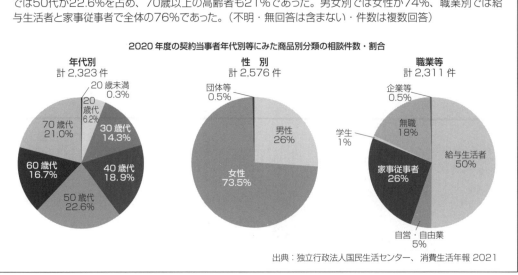

2020年度の契約当事者年代別等にみた商品別分類の相談件数・割合

出典：独立行政法人国民生活センター、消費生活年報 2021

3. 受取り時の心がけ

　お客様とのトラブルは、クリーニング技術の問題もありますが、受取り、保管、引渡しの過程でも発生しますし、従業者の接客態度などから品物の苦情につながるケースもあります。

(1) 洗濯物の受取り
ア　店内の整理・整頓

　お客様に気持ちよく利用していただくために、店頭やカウンターは整理・整頓しておきます。また、時季のおすすめポスターやお手入れリーフレット（チラシ）を用意しておくと、お客様への啓発や売上増にもなります。クリーニングは季節によって繁閑の差が激しく、特に衣替えシーズンは多くのお客様の洗濯物を扱うため、品物の整理が重要です。どんなに忙しい状況でも、お客様の大切な品物は、丁寧に取り扱い、お客様ごとに袋やカゴに入れて素早く整理しておきます。

　また、苦情の申出先となる名称、住所、電話番号を店頭に掲示します。

イ　お客様情報の管理

　お客様の個人情報は大切に台帳やパソコンで管理・保管します。

　　① 氏名
　　② 住所
　　③ 電話番号
　　④ メールアドレス　など

ウ　点検と相互確認

　受取り時には、品物の縫い付けラベル（素材、取扱い表示記号など）やブランドを確認し、特殊な生地、加工、海外製品、中古品などの製品情報はお客様からいただきます。

　併せてシミや汚れの箇所、破損や変退色の有無、付属品の数量や状態などをお客様

と一緒に確認します。この受取り時の確認がクレーム防止のために非常に重要です。

《点検事項例》

- 付属品の有無（ベルト、付け襟、リボンなど）
- アクセサリー（ブローチ、徽章など）
- ポケットの中
  金銭、貴重品、カード、アクセサリーなど様々です。受取り時に発見してお客様に返却します。もし、後で見つけた場合は、引渡し時に封筒などに入れてお返しします。
- 品質表示・取扱い表示記号（クリーニングが困難なものかどうか。海外表示か。）
- ボタン（破損、欠落、要注意品かなど）
  ボタンはトラブルになりやすく、注意が必要です。まず、取れているものはないか、取れやすくなっているものはないか、破損や色が変化しているものはないか、などを調べます。珍しいボタンや装飾性の高いボタン、インポートブランド品のボタン、クリーニング過程（機械力、熱など）で事故になりそうなボタン

付属品などの紛失がないよう注意します

は、あらかじめお客様に取り外してもらいましょう。もし、事故になった場合、同じボタンを入手するのは非常に困難です。特に、インポートブランド品は入手が困難ですので注意します。

- 毛羽立ちの有無
- 変形（ニット製品・プリーツ製品など）
- 部分的な変退色（襟、袖口、ポケット口、肩、背中、脇下、股下など）
  変退色のトラブルも多く発生しています。脇下や襟山、ポケット口などの汗による変色、排気ガスなどの化学物質による変色、スラックスの股に出る尿による変色などがあります。クリーニングによって汚れが取れ、シミや変色が目立ってくることもあります。
- スレの有無（襟、袖口、ポケット口、股など）
- 破れ
- 虫食い
- カビや化粧品、化学物質の付着
- 焼け焦げ（タバコ、アイロンなど）
- ポリウレタン製品の伸び、はく離 など
  点検で見つかった事項は、クリーニングすることで拡大の可能性があることをお客様に伝えます。

　また、お客様には、受取り後の工程でさらに詳細に点検し、何か異常が見つかった場合は速やかに連絡を入れることの了解を得ます。さらに、連絡するときは電話が一般的ですが、お客様が電話に出られないことも多く、事前にメールアドレスを伺っておくことで、クリーニング過程で生じた変化や異常などの画像を送信して、確認してもらうこともできます。

受付時の点検のポイント

エ　預り証の発行

　品物の受取り時には必ず預り証を発行し

ボタンは事故が多く発生するので注意します

受付時の点検のポイント

お客様と会話しながら
点検しよう！

スラックス類の
ポケットは
よく確認しよう！

広げ、裏返し、
畳みながら点検！

（注）海外製品の表示は
特に注意します

衣料品別の点検箇所と主な点検事項

ジャケット

前身頃全体	後身頃全体
シミ、キズ、虫穴、変退色をチェック	シミ、キズ、虫穴、変退色をチェック

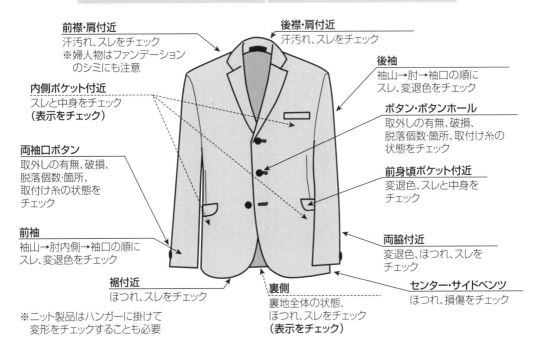

前襟・肩付近
汗汚れ、スレをチェック
※婦人物はファンデーション
のシミにも注意

内側ポケット付近
スレと中身をチェック
(表示をチェック)

両袖口ボタン
取外しの有無、破損、
脱落個数・箇所、
取付け糸の状態を
チェック

前袖
袖山→肘内側→袖口の順に
スレ、変退色をチェック

裾付近
ほつれ、スレをチェック

※ニット製品はハンガーに掛けて
変形をチェックすることも必要

後襟・肩付近
汗汚れ、スレをチェック

後袖
袖山→肘→袖口の順に
スレ、変退色をチェック

ボタン・ボタンホール
取外しの有無、破損、
脱落個数・箇所、取付け糸の
状態をチェック

前身頃ポケット付近
変退色、スレと中身を
チェック

両脇付近
変退色、ほつれ、スレを
チェック

センター・サイドベンツ
ほつれ、損傷をチェック

裏側
裏地全体の状態、
ほつれ、スレをチェック
(表示をチェック)

スラックス

前身頃全体	後身頃全体
シミ、変退色、損傷をチェック	変退色、損傷、スレをチェック

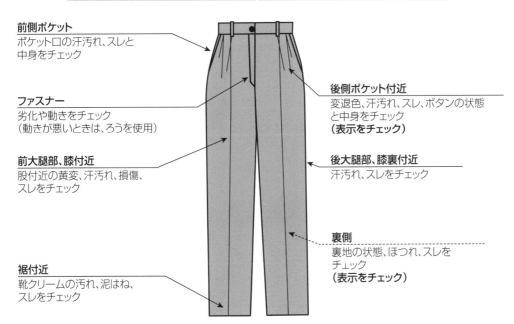

前側ポケット
ポケット口の汗汚れ、スレと
中身をチェック

ファスナー
劣化や動きをチェック
(動きが悪いときは、ろうを使用)

前大腿部、膝付近
股付近の黄変、汗汚れ、損傷、
スレをチェック

裾付近
靴クリームの汚れ、泥はね、
スレをチェック

後側ポケット付近
変退色、汗汚れ、スレ、ボタンの状態
と中身をチェック
(表示をチェック)

後大腿部、膝裏付近
汗汚れ、スレをチェック

裏側
裏地の状態、ほつれ、スレを
チェック
(表示をチェック)

洗濯物の受取り、保管及び引渡し

ワイシャツ

前身頃全体	後身頃全体
シミ、変退色、損傷をチェック	変退色、損傷をチェック

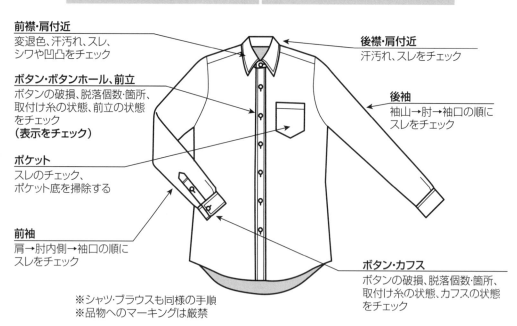

前襟・肩付近
変退色、汗汚れ、スレ、
シワや凹凸をチェック

後襟・肩付近
汗汚れ、スレをチェック

ボタン・ボタンホール、前立
ボタンの破損、脱落個数・箇所、
取付け糸の状態、前立の状態
をチェック
（表示をチェック）

後袖
袖山→肘→袖口の順に
スレをチェック

ポケット
スレのチェック、
ポケット底を掃除する

前袖
肩→肘内側→袖口の順に
スレをチェック

ボタン・カフス
ボタンの破損、脱落個数・箇所、
取付け糸の状態、カフスの状態
をチェック

※シャツ・ブラウスも同様の手順
※品物へのマーキングは厳禁

スカート

前身頃全体	後身頃全体
シミ、変退色、損傷をチェック	変退色、損傷、スレをチェック

プリーツがある場合
プリーツがとれて
いないかをチェック

ファスナー付近
変退色、スレ、
ファスナーの状態
をチェック

スリット開き
ほつれ、開きをチェック

裾付近
裾線が曲がって
いないか、スレを
チェック

裏側
裏地の状態、ほつれ、スレをチェック
（表示をチェック）

ワンピース

前身頃全体	後身頃全体
シミ、変退色、損傷をチェック	変退色、損傷をチェック

前襟・肩付近
汗汚れ、スレ、吊りジワ
をチェック
※ファンデーションの
　シミにも注意

装飾品
キチンとついているか
状態をチェック

前袖・後袖
袖山→肘内側→袖口の順に
スレ、変退色をチェック

スカート
ドレープは整っている
か、左右バランスを
チェック

裏側
裏地全体の状態、ほつれ、スレ、汗汚れをチェック
（表示をチェック）

裾付近
ほつれ、スレをチェック

後襟・肩付近
汗汚れ、スレを
チェック

両脇付近
変退色、ほつれ、
スレをチェック

ファスナー付近
変退色、汗汚れ、スレ、
ファスナーの状態を
チェック
（表示をチェック）

スリット開き
ほつれ、開きをチェック

コート・ジャンパー

前身頃全体	後身頃全体
シミ、キズ、虫穴、変退色をチェック	シミ、キズ、虫穴、変退色をチェック

前襟・肩付近
汗汚れ、スレをチェック
※婦人物はファンデーション
　のシミにも注意

ボタン・ボタンホール
取外しの有無、破損、
脱落個数・箇所、取付け糸の
状態をチェック

前袖
袖山→肘内側→袖口の順に
スレ、変退色をチェック

内側ポケット付近
スレと中身をチェック
（表示をチェック）

前身頃ポケット付近
変退色、スレと中身を
チェック

裏側
裏地全体の状態、ほつれ、
スレをチェック
（表示をチェック）

後襟・肩付近
汗汚れ、スレをチェック

後袖
袖山→肘→袖口の順にスレ、
変退色をチェック

バックベルト
取外しの有無をチェック

両袖口ボタン
取外しの有無、破損、
脱落個数・箇所、取付け糸の
状態をチェック

両脇付近
変退色、ほつれ、スレをチェック

センター・サイドベンツ
ほつれ、損傷をチェック

裾付近
ほつれ、スレをチェック

※ニット製品はハンガーに掛けて変形をチェックすることも必要
※ベルトや襟の毛皮の付属品もチェック

洗濯物の受取り、保管及び引渡し

セーター・カーディガン

全体（前身頃・後身頃）
ハンガーに掛け、前身頃と後身頃のバランスはどうか、曲がり、歪み、シミ、虫穴、変退色などをチェック

前襟・肩付近
汗汚れ、スレ、襟のバランス、左右の形状が揃っているかをチェック
※婦人物はファンデーションのシミにも注意

前身頃ポケット付近
曲がり、歪み、変退色、スレと中身をチェック

前袖
左右の形状が揃っているか、長さがあっているか、袖山→肘内側→袖口の順にスレ、変退色をチェック

袖口
はつれ、ゴム編みが伸びていないかをチェック

後襟・肩付近
汗汚れ、スレ、襟のバランス、左右の形状が揃っているかをチェック

脇の下
汗汚れ、スレ、収縮をチェック

後袖
歪み、曲がりに注意して袖山→肘→袖口の順にスレ、変退色をチェック

両脇付近
変退色、ほつれ、スレをチェック
（表示をチェック）

裾付近
裾ゴムが伸びてないか、ほつれ、スレをチェック

ボタン・ボタンホール
取外しの有無、曲がり、歪み、脱落個数・箇所、取付け糸の状態をチェック

着物（袷〔あわせ〕）

全体
着物ハンガーに掛け、表地と裏地のバランス、柄の状態をチェック

前身頃全体	後身頃全体
シミ、変退色、損傷、柄、金銀箔の状態をチェック	シミ、変退色、損傷、柄、金銀箔の状態をチェック

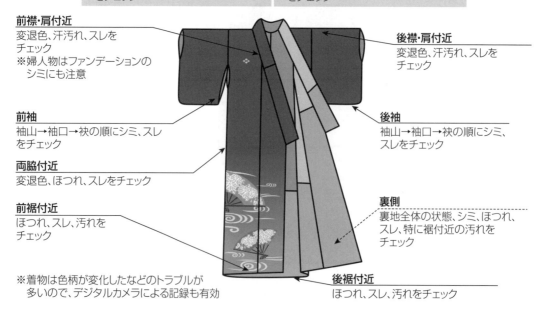

前襟・肩付近
変退色、汗汚れ、スレをチェック
※婦人物はファンデーションのシミにも注意

前袖
袖山→袖口→袂の順にシミ、スレをチェック

両脇付近
変退色、ほつれ、スレをチェック

前裾付近
ほつれ、スレ、汚れをチェック

後襟・肩付近
変退色、汗汚れ、スレをチェック

後袖
袖山→袖口→袂の順にシミ、スレをチェック

裏側
裏地全体の状態、シミ、ほつれ、スレ、特に裾付近の汚れをチェック

後裾付近
ほつれ、スレ、汚れをチェック

※着物は色柄が変化したなどのトラブルが多いので、デジタルカメラによる記録も有効

ます。預り証の形態や書式はいろいろあり、手書き（複写式）やPOSなどから出力されるものがあります。預り証には、受取り日、お客様名、洗濯物の品名、色柄、付属品、点数、シミや汚れなど点検時に気づいた内容、料金、引渡し日などを入れます。さらに、預り証には、苦情の申出先（クリーニング所の名称（会社名、店舗名）住所、電話番号）を明示しなければなりません。

《預り証に必要な記載事項》

- お客様の氏名
- 連絡先
- 品名とセット物の場合はその形態（背広上下、ベストと3点セット、ベストは色違いなど）
- 預り品の特徴（素材、色柄など）
- 破損などの特記事項（ボタン、破れなど）
- 預り品の点数とクリーニング料金
- 引渡し予定日
- 後述する長期間放置品処分に関する契約内容

- （苦情の申出先となる）クリーニング所の名称、住所、電話番号

オ　お客様への情報の提供

　クリーニング事故に結びつきやすい品物は、事故事例を参考にして、ポスターやチラシでお客様に注意情報を出しておきます。

　例えば、次のようなものがあります。

①ボタンやスパンコールなどの装飾品

②ポリウレタン製品（コーティング製品、ストレッチ糸使用製品）

③プリーツ製品・シワ加工製品

④綿や麻、絹の濃色製品　など

カ　クリーニング方法の説明

　クリーニング業法により、お客様に洗濯物の処理方法（水洗い、ドライクリーニング、特殊クリーニングなど）を説明するよう努めなければなりません。ただし、日常的に扱うワイシャツをどのようにクリーニングするかということまでは求められていません。たとえば、ポリウレタン糸が混入された3年前に購入したジャケットを受け取る場合、クリーニング方法としてはドライクリーニングをしますが、今回のクリーニングを行うことでポリウレタン糸の経年劣化が進み、クリーニング後に生地表面に

お　預　り　証						No.

		受付日　年　月　日
様		引渡し予定日　年　月　日
電話番号		会員番号

品　名	数量	色柄	付属品	料金	備　　考

合　計請求金額				前金	後金

当店では引渡し予定日から○×日を過ぎてもお引取りのないお預り品は処分させていただきます。

○○○○クリーニング
住　所　　　　　　　　　電話番号
担当者

図Ⅱ－2　預り証（見本）

37

白く繊維が切れて出てしまうことがありますなど、プロとしてどう処置するのかについて説明しておきます。

キ　工場送り

お客様の品物を特定するためにタグを付けます。タグは、品物を傷つけないように注意し、クリーニング中に取れないようにラベルや別布を用いて縫い代などに確実に付けます。ブランドの織ネームなどにタグをピン留めしたため、商品価値を低下させたということで苦情になることもあります。また、ワイシャツの襟などにお客様名を、お客様に断りなくペンでマーキングするクリーニング業者も見受けられますが、絶対に避けなければなりません。

工場に品物を送る際は、工場の担当者に、点検結果がわかるように預り証やタグに記入して、決められたルールに基づいて工場へ送ります。

ク　工場からの受入れ

クリーニングが終わった品物は店舗に送られてきますが、必ず送り状と品物が合致しているかを確認します。もし、足りない場合はすぐに工場へ連絡して取り寄せます。さらに、上下品が揃っているか、付属品はあるかなどを確認し、お客様の要望事項（シミや汚れは落ちているか、加工は施されているか、仕上がりはきれいかなど）も確認します。もし、不備があった場合は、お客様との約束日に間に合うように工場へ手配します。間に合わない場合は、事前にお客様へ連絡を入れて了解を得ます。

（2）保管上の注意

クリーニングした品物は、お客様に引き渡すまでの間、品質保持に努めなければなりません。蛍光灯や日光の紫外線による変退色や、虫害、カビなどを防止するため温湿度管理や防虫対策をして、シワや形くず

れが生じないように保管します。

また、日ごろから長期間引取りのない品物を確認し、少しでも早く引渡しできるように努めます。そのためには、月1回程度、店内品をチェックし、お客様に電話やメールで来店していただくよう連絡します。そうすることが、長期間放置品の解消や品物の品質低下、紛失事故を減らすことにつながります。

4. 洗濯物の引渡し

（1）洗濯物の確認

クリーニングの最後が、品物の引渡しです。ここでも、お客様との相互確認が最も重要です。預り証と洗濯物を照合しながら、お客様の預り品かどうか、上下揃っているか、付属品、要望事項などを確認します。確認にはカバーを外す必要がありますが、お客様もクリーニング店もカバーを外したくないために、確認作業が十分に行われていない実態があります。億劫がらずに実践することがトラブル防止につながります。確認が終了したら、お客様のサインをもらいます。

《引渡し時のお客様との相互確認事項》
- 品名、数量
- 付属品の有無
- 受付け時に依頼されたシミ抜きや修理の出来栄え

引き渡す時は一にも二にも確認を！

- 全体の仕上がり状態
- 破損など拡大のおそれのあった部分の確認
- 取れなかったシミの事情説明　など

　また、同時に預かった品物のうち、出来上がっていない品物、工場から店内に入っているが見つからなかった品物は、お客様に時間をいただき、迅速に対応します。預り証には未渡し品であることがわかるように記載しておきます。

(2) 情報の提供

　引渡し時の確認と同様に大切なことは、お客様へのお手入れや保管時のアドバイスです。例えば、持ち帰ったら必ずカバーを外し、通気性のよいところで風を通してから保管してほしいこと、その際に不織布や布のカバーをかけるとホコリ除けになることなどを伝えます。また、保管時は日光や蛍光灯の紫外線が当たらないように、毛・絹など動物繊維製品には防虫剤を、湿気の多い場所には除湿剤や乾燥剤を使用するなど、次のシーズンも着用していただけるようアドバイスします。

　着用後にも、ブラッシングをしてホコリを落とすことや、汗が付着した部分は水を含ませたタオルなどで軽くたたいて乾かすこと、シミが付いたら早めにクリーニングに出すことなどをアドバイスすることによってトラブルの回避を図ります。

クリーニング品を
持ち帰ったら
カバーを外して
空気にさらしましょう!

（注）カビ、シミの
原因になります

5. 感染症などへの対策

　2019年（令和元）12月に中国で新型コロナウイルス感染症（COVID-19）が確認され、その後世界中に感染が拡大しました。クリーニング業は不特定多数が利用すること、そして従事者を守るためにも感染症対策には十分な配慮が必要です。

　感染症とは、病原体（病気を起こす細菌、ウイルス、真菌、寄生虫など）が体に侵入して症状が出る病気のことをいいます。病原体が体に侵入しても、病原体の感染力と体の抵抗力とのバランスで症状が現れる場合と現れない場合とがあります。感染経路は大きく分けて垂直感染（母子感染）と水平感染の2種類があります。水平感染は、人などの感染源から広がるもので、接触感染、飛沫感染、空気感染、媒介物感染の4つに大きく分類できます。

(1) 共通

- お客様と従業者や従業者同士の接触を避け、対人距離を確保します（真正面での立ち位置を避けるなど工夫します）。
- マスク等を着用し、咳エチケットを励行します。
- 洗濯前の被洗物を取扱う時は手袋を着用します。
- アルコールによる手指消毒と手洗いを励

感染症対策には
十分な配慮が
必要です

顧客はもちろん、
従業者を守る
ためにも!

行します。

- 密閉空間を避け、換気を励行します。
- 定期的な清掃と、カウンターやドアなど高頻度接触部位を消毒します。

（2）受取り時・引渡し時

- 密にならないように店内の顧客数を制限し、順番待ちの際には距離を確保します。
- お客様にも入店時のマスク着用を呼びかけます。
- ポケット残留物（ハンカチ・マスク等）は来店前にあらかじめお客様に確認してもらうよう促し、受付での衣類点検時に発見した際にはお客様自身に取り出してもらいます。
- レジではコイントレーでの現金受渡を励行し、場合によってはキャッシュレス決済の利用を促進します。
- お客様に対して、新型コロナウイルス感染症患者、濃厚接触者が使用した洗濯物や吐しゃ物やふん尿の付着した物品の持ち込みは控えていただくよう周知します。
- 万が一感染が発生した場合に備え、個人情報の取扱いに十分注意しながら、お客様の名簿またはお預り証（店側控）を3週間以上、適正に管理します。

（3）一時保管時

- 洗濯前の被洗物と、洗濯後の被洗物を取扱う際の動線が交差しないようにします。

（4）従業者の休憩室

- 一度に休憩する人数を減らし、対面で飲食や会話をしないようにします。
- 対人距離を確保します。
- 常時換気に努めます。
- 共有する物品（テーブル、いす等）は、定期的に清拭消毒します。

- 入退室前後に手指消毒または石鹸と流水による手洗いをします。

（5）その他

- 従業者のユニフォーム等はこまめに洗濯します。
- 出勤前に体温測定を実施します。
- 新型コロナウイルス感染症についての相談目安及び「保健所」、「受診・相談センター」の連絡先を従業者に周知しておきます。

6. 苦情への対応

お客様にとっては、クリーニングは身近なもので、洗濯物がきれいに仕上がると期待しています。その期待に応えられなかった場合が苦情となります。

（1）お客様から苦情を言われたら
ア　お客様のお申し出をよく聞く

最初が肝心です。つい緊張して慌ててしまいますが、気持ちを穏やかに身構えないようにします。初めから、「うちの責任ではない」と拒絶反応を示してしまうスタッフがいますが、お客様が何に不満を感じているのか申し出内容を最後までよく聞き取ることが重要です。話の区切りで、相槌を打ち、迷惑をかけたことに謝罪しながら、

どうしましたか？

お客様の話を途中で遮らないように誠実な態度で申し出を聞きます。そして、苦情品を見ながら、申し出内容・場所を確認します。最初に申し出を受けた従業者の初期対応の良し悪しが、苦情対応を左右します。

イ　きちんとメモをとる

　お客様の苦情に接すると、誰でも緊張して大切なことを聞き漏らしたり、確認を忘れたりしがちです。また、苦情の問題点を整理し、後に活かすためにも苦情の記録が必要です。必要事項を記した受付票やノートを用意して、メモをとります。（図Ⅱ－3参照）

　また、進捗状況の確認・共有、同様な苦情を防止するためにも、パソコンなどにデータを入力し、管理することが望まれます。

- 受付年月日
- 従業者（受付者）

お申し出受付票

店舗名：　　　　　　　　　　　　　　　　　　　　　　　　　　　　整理No.

| 受付年月日：　　年　　月　　日 | 受 付 者： |

お客様氏名：　　　　　　　　　　　　　　　　電話番号：
住所：　　　　　　　　　　　　　　　　　　　メールアドレス：

クリーニング受付日：　　　　年　　月　　日　受 付 者：
クリーニング品引渡し日：　　　年　　月　　日
クリーニング方法：
品名：　　　　　　　　色柄：　　　　　クリーニング料金：　　　　　円
クリーニング受付時のご要望事項(加工など)：

購入年月日：　　年　　月　　購入先 ：　　購入金額 ：　　　円
着用回数：　　　回　　日程度　クリーニング回数：　　　回程度

メーカー名：　　　ブランド名：　　　特徴：
メーカー電話番号：　　　　　　担当者氏名：

内容：1.破損 2.伸縮 3.ボタン 4.変色 5.シミ 6.紛失(全体・付属品) 7.その他(　　)

お申し出内容	所見

回答期限：　　月　　日　　時

処理経過（日時、折衝相手、内容など）

原因：　当店（受付・洗浄・仕上げ・納品）・　メーカー　・　お客様　・　不明

解決年月日：　　　年　　月　　日
対応結果：

再発防止策

| 担当者氏名： | 決裁者氏名： |

図Ⅱ－3　苦情受付票（例）

- お客様名
- クリーニング受取り（受付）年月日
- クリーニング引渡し年月日
- 品名
- ブランド名、メーカー名
- 素材、色柄
- 購入年月日・購入店
- お申し出内容
- クリーニング料金
- 現品預りの有無　など

《後々の記録として重要な事項》
- 苦情処理の経緯
- 責任の所在
- 処理結果（損害賠償金額など）

ウ　即答しない

　お客様の申し出内容を十分に聞かないで、「ああ、それは○○が原因ですよ」などと返事を急いではいけません。お客様との話の間に、ポイントとなる質問をしたり、合いの手を入れながら話を進め、申し出内容を整理して、「申し訳ございません。責任者に報告して改めて△△日までにご連絡いたします。」と時間をいただきます。品物を預かる場合は、預り証を発行します。

（2）クリーニング事故の原因

　クリーニング事故は、クリーニング業者やアパレルメーカー・販売店に責任がある

ばかりでなく、申し出者であるお客様の着用や洗濯、保管に原因があることもあります。さらに、勘違いや、素材・製品特性上やむを得ないこともあります。お客様へは、平易な言葉で丁寧に説明します。

　クリーニング事故の原因は、次のように分けられます（一例）。

ア　素材メーカー
- 染色堅ろう度が低い（染色が悪い）もの
- 着用、洗濯に対して耐久性がないもの（物性値の低いもの）

イ　アパレルメーカー
- 使用している生地や付属品、装飾品の組合せが不適切なもの
- 表示が不適切なもの
- プリーツ加工やしわ加工など加工が弱いもの

ウ　お客様の使用・保管中に発生したもの
- 着用による摩耗（襟、肘、袖口、ポケット口、脇、膝、内股、裾など）
- 虫食い
- カビ
- 酸化窒素ガスによる変退色
- 日焼け

エ　クリーニング業者
- ドライ溶剤中の水分過剰による毛製品の収縮

（注）引渡しの時も、必ず検品します

念を入れて
しっかり
チェックしましょう！

- 再汚染
- 不適切なクリーニング処理による脱色、変色、損傷
- 化学やけど
- 紛失

しかし、事故原因が分かっても、責任の所在となると前記のようにはっきり分けられません。素材や付属品の問題や、お客様の使用状態が原因の事故でも、クリーニングのプロであれば予見すべきです。このテキストに挙げられた事例は、クリーニング業者なら知っていなければなりません。洗濯物の受取り時の点検をきちんとして、お客様にひと言アドバイスをしたり、処理方法を工夫することで事故を防ぐことができます。結果的には、クリーニング業者の責任範囲は広くなります。

お客様に対しては事故の原因をはっきり説明しなければなりません。ただし、お客様の着用や洗濯、保管に原因がある場合でも、お客様に「責任はあなたにあります」などと言うのは禁物です。また、事故原因を究明できないこともあります。このようなときは第三者の力を借ります。外部の検査機関や全国クリーニング生活衛生同業組合連合会のクリーニング綜合研究所も利用できます。

(3) 苦情処理の方法
ア 苦情の受付け

前記のように、お申し出受付票やノートを使用して必要事項を記入します。お客様

COLUMN
依頼時、受取り時の処理方法の説明

クリーニング事業者は、クリーニング業法により利用者に対し洗濯物の処理方法等について説明するよう努めなければならないが、（独法）国民生活センターが行った「クリーニングについてのアンケート」（2006（平成18）年２月実施）の調査結果では、依頼時、受取り時ともに約３割の消費者が処理方法について説明されたとは認識していない（下図参照）。

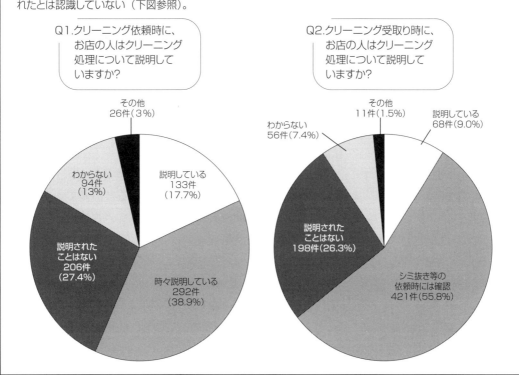

Q1.クリーニング依頼時に、お店の人はクリーニング処理について説明していますか？

- その他 26件（3％）
- わからない 94件（13％）
- 説明している 133件（17.7％）
- 説明されたことはない 206件（27.4％）
- 時々説明している 292件（38.9％）

Q2.クリーニング受取り時に、お店の人はクリーニング処理について説明していますか？

- その他 11件（1.5％）
- わからない 56件（7.4％）
- 説明している 68件（9.0％）
- 説明されたことはない 198件（26.3％）
- シミ抜き等の依頼時には確認 421件（55.8％）

の疑問や誤解などその場で解決するものもあります。本書の事例に挙がっているような事故は、カウンターで原因を丁寧に説明することでお客様が納得してくれることもあります。

イ　科学的鑑定

　原因が判断できない場合や、お客様の納得を得られない場合は、苦情品をお預りして技術的に調べます。いい加減な知識や憶測で原因を推定してはいけません。説明のための書面が必要な場合は第三者の検査機関で調査してもらいます。

科学的な事故鑑定で原因究明も大事!

ウ　紛失

　品物が紛失した場合は、店内、他店舗、工場内などを探し、似たような色柄の品物をお渡ししたお客様にも問い合わせをします。紛失で一番多いのは、他のお客様に渡してしまうことです。誤って引き渡した場合、もう一人紛失されたお客様が出ることになります。必ず、引渡し時にはお客様と相互確認をしましょう。

お客様を支援

連絡先は品質表示タグに記載

エ　クリーニング業者以外に原因がある場合

　お客様の原因で発生した場合は、商品情報などを丁寧に説明して納得してもらいます。素材メーカーやアパレルメーカーに原因があると思えるものは、品質表示ラベルに記載されている連絡先に対応を求めます。連絡先が分からない場合は、購入店からメーカーの連絡先を調べてもらうことになります。

オ　損害賠償

　クリーニング店に事故原因があると判明したものは、速やかに謝罪し、クリーニング事故賠償基準に基づき賠償額を支払います。（後述「7.　クリーニング事故賠償基準」参照）

カ　心情的なお客様の不満

　自分が着用している品物には誰でも愛着があるものです。お客様はたとえ原因を理解できても、心情的には不満が残るものです。誠意をもって対応してください。

キ　納得されないお客様への対応

　クリーニングに事故原因がない場合でも、お客様に納得してもらえないケースもあります。この場合は、消費者相談機関（消費生活センター、消費者相談室など）を紹介します。消費者相談機関は消費者からの申し出を受け付けるところです。お客様自身で相談に行ってもらうようお話します。

(4) 苦情を減少させるために

　苦情の申し出があると、多くの労力と時間、費用がかかります。苦情を出さないようにするには、洗濯物の受取り時と引渡し時の点検、相互確認及び説明等が欠かせません。

　さらに、お客様に事故情報と商品情報を伝え、購入・着用・洗濯・保管に関する注意を喚起することも重要です。日ごろから、チラシやポスターなどを利用して情報

このプリーツはクリーニングで折り目が少しなくなるかもしれませんよ？

わかりました

お客様への一言が大事！

を発信し、ひと言添えることで苦情を減らすことができます。

7. クリーニング事故賠償基準

　クリーニング業務に関して事故が生じた際、実際の損害賠償を行うに当たっての一つの尺度、いわゆる統一的基準として「クリーニング事故賠償基準」があります。この基準は、学識経験者、消費者、弁護士、流通販売業者、繊維業界、保険業界、厚生労働省、経済産業省、消費者庁、クリーニング業界の各代表者によるクリーニング賠償問題協議会によって策定され、全国クリーニング生活衛生同業組合連合会が自主基準として採用しています。多くの中立委員や消費者代表の意見を反映して作成されており、法律に基づく「クリーニング業に関する標準営業約款」にも引用されるなど、中立と公平さは確保されているといえます。

　各都道府県の生活衛生営業指導センターの登録店（Ｓマーク店）とクリーニング生活衛生同業組合加盟店（LDマーク店）では、クリーニング事故があった場合、原則としてこの賠償基準に基づいて対応することになっています。

　また、賠償基準は一般にも広く認知されており、行政の消費生活相談窓口でのトラブル解決がこの基準に基づいて行われているほか、基準中の商品別平均使用年数や購入時からの経過月数に対応する補償割合は、流通業界やアパレル業界の品質管理や消費者からの苦情対応にも活用されることがあります。

（1）クリーニング業者の注意義務

　「賠償基準」では、クリーニング業者が事故に対し責任を負うのは、クリーニング業務の遂行にあたり、「職務上相当な注意を怠ったことに基づき法律上の損害賠償責任を負うべき場合」とし、（賠償基準第1条）次のア～オの5つが注意すべき義務になっています。このなかの「ウ　処理方法等説明義務」は2015（平成27）年10月の改訂で加えられました。

ア　洗濯物の状態把握義務

　お客様から依頼を受けた洗濯物の機能、汚れの質と量、汚れの放置期間、染色堅ろう度などを的確に把握すること。実務としては、受付け（受取り）点検、洗浄前点検を適切に実施することが求められます。

イ　適正クリーニング処理方法選択義務

　その洗濯物のクリーニング処理が不可能な場合には、クリーニングの引受けを断り、クリーニング処理が可能な場合には、最も適正なクリーニング処理方法を選択すること。実務としては、日ごろの品質管理の推進及び常に都道府県の生活衛生営業指導センターが実施する業務従事者講習などに参加して、新技術や新情報を勉強し、技術の向上を図ることが求められます。

ウ　処理方法等説明義務

　洗濯物の受取り及び引渡しに際してお客様と品物の状態について可能な限り相互確認をし、ア、イの履行に必要な内容に関し

COLUMN
カスタマーハラスメント

　カスタマーハラスメント問題は、判断基準の定義が明確ではなく悪質性の判断が難しい。裁判になったときに、対象者の行為が違法か適法かの判断も困難な場合が多い。「顧客等からの著しい迷惑行為の防止対策の推進に係る関係省庁連携会議」(UAゼンセン資料、2021年1月21日)によると、業界団体が司法判断の他に顧客からのハラスメントの判断基準を持つことが重要としている。さらに、企業や業界団体が基準を共有することによって、社会的事実として慣習法上のルールを形成し、企業が自発的・積極的にハラスメントへの対応を行いやすくする必要がある。

◆直近2年以内で迷惑行為の被害にあったことがありますか?

計26,904件

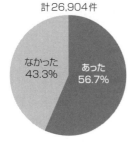

◆直近2年以内で迷惑行為をどの位受けましたか?

計26,904件

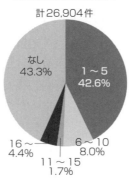

◆新型コロナウィルス感染症の影響による迷惑行為はありましたか?

計15,256件

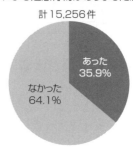

◆最も印象に残っている顧客からの迷惑行為は?

	暴言	同じ内容を繰り返す	威嚇・脅迫	長時間拘束	権威的態度(説教)	セクハラ	金品の要求	暴力	土下座	SNS・ネット上の誹謗中傷	その他
割合	39.3%	17.1%	15.0%	11.2%	7.8%	2.3%	2.1%	1.4%	0.6%	0.3%	2.9%
件数	5,988	2,610	2,287	1,711	1,194	350	322	207	90	47	449

◆迷惑行為をしていた顧客の推定年齢

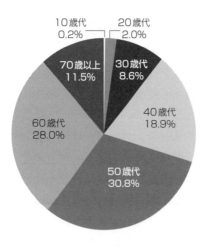

◆迷惑行為をしていた顧客の性別

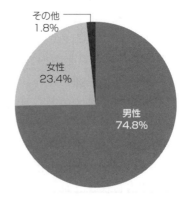

◆迷惑行為のきっかけとなった具体的な理由を一つ選択

	顧客の不満のはけ口・嫌がらせ	接客やサービス提供のミス	消費者の勘違い	商品の欠陥	わからない	システムの不備	その他
割合	33.1%	21.8%	15.2%	9.4%	9.9%	3.0%	7.8%
件数	5,047	3,320	2,314	1,428	1,504	458	1,183

出典:UA ゼンセン

て説明することが求められます。

エ　クリーニング完全実施義務

イで選んだクリーニング処理方法を完全に実施実行することが求められます。

オ　受寄物返還義務

お客様から預かった洗濯物を適正な状態で引き渡すこと。実務としては、引渡し時の点検も含まれます。

(2) クリーニング業者の定義

賠償基準第2条では、クリーニング業者を「利用者とクリーニング契約（寄託契約と請負契約の混合契約）を結んだ当事者をいう」と定義しています。お客様とクリーニング契約を結んだ者が当事者となることから、委託取次店はもとより宅配業者などが集配を行い、あるいは委託（提携）先がクリーニング処理を行うなどの業態であっても、事故が発生した際にはクリーニング契約当事者がクレーム処理の窓口として責任をもって解決にあたることになります。また、洗濯物の受取り及び引渡しや保管を宅配業者等の第三者が行う場合であっても、これらの履行補助者はクリーニング契約の当事者ではないことから、事故原因が履行補助者にあっても、お客様に対しての賠償責任は契約当事者たるクリーニング業者が負うことになります。

クリーニング契約

利用者（お客様）　　　**当事者（クリーニング業者）**

(3) 説明責任

賠償基準第2条の2では、クリーニング業者は洗濯物の受取り及び引渡しをしようとするときは、あらかじめ、お客様に対し、洗濯物の処理方法等を説明するとともに、賠償基準を提示すること、洗濯物の受取り及び引渡しをしようとするときは、洗濯物の状態をお客様とともに確認することを求めています。

賠償基準の提示は、万が一事故が発生した際に本基準に基づき賠償する旨をあらかじめお客様に示すことを目的にしています。

①説明義務は洗濯物すべてに対してではなく、あくまでも《クリーニング事故防止＝利用者利益の擁護》であり、日常的に扱うワイシャツ1点1点にまで説明義務は及ぶものではないと解釈されています。

②説明が必要な洗たく物としては、扱ったことのない素材や取扱い表示のない製品、事故が頻発している素材を用いた衣類、完全に落ちるか不明な汚れが付いた衣類、特殊クリーニングが必要な衣類など、プロの目から見てリスクを伴う可能性の高い品物が該当します。どのようなリスクが内在し、プロとしてどう処理するのかについて、あらかじめ説明が必要となります。

③宅配業者が行う場合や、ロッカー、インターネットでの受付等、対面方式に拠らない方法の場合であっても、洗たく前に検品を行い、電話やインターネット等を通じて品物の状態や処理方法等について事前に説明し、了解を得ることが必要です。

(4) クリーニング業者の責任

賠償基準第3条では、「洗濯物について事故が発生した場合は、クリーニング業者が被害を受けたお客様に対して賠償する。ただし、クリーニング業者が、その職務の

遂行において相当の注意を怠らなかったこと、およびお客様またはその他の第三者の過失により事故の全部または一部が発生したことを証明したときは、その証明の限度において本基準による賠償額の支払いを免れる」としています。

クリーニング業者の賠償責任は、『職務上相当な注意』を怠ったことを理由とする過失責任で、いわゆる無過失責任ではありません。本条ただし書により、十分な証明を行うことによって、クリーニング業者も賠償責任を免れることができます。

もっとも、洗濯物について事故が発生した場合には、専門家としてのクリーニング業者に比べお客様の知識・情報が著しく少ないことから、お客様の救済を促進するた

め、証明がなされるまでは一応クリーニング業者に過失が存在し、その過失と損傷との間に因果関係が存在するものと推定することにしています（過失の推定）。

また、衣料品には、お客様自身の扱いや衣料品の販売までの間の展示・保管等の不適切な処理によって、事故が発生することもあります。この場合には、当然に過失相殺が適用され、クリーニング業者の賠償金額は過失の割合に応じて減免されます。

（5）損害賠償の対象

クリーニング事故に関する損害賠償の対象は、原則として事故が生じた洗濯物自体です。ただし、次の場合については、「賠償基準」で定める賠償額に上乗せされるこ

COLUMN
1世帯当たり洗濯代支出金額の推移

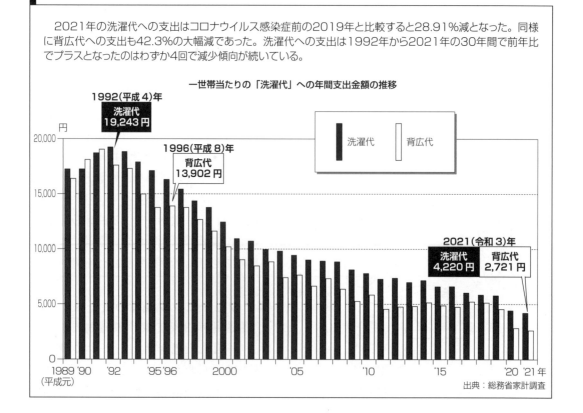

2021年の洗濯代への支出はコロナウイルス感染症前の2019年と比較すると28.91%減となった。同様に背広代への支出も42.3%の大幅減であった。洗濯代への支出は1992年から2021年の30年間で前年比でプラスとなったのはわずか4回で減少傾向が続いている。

一世帯当たりの「洗濯代」への年間支出金額の推移

洗濯代　背広代

1992(平成4)年
洗濯代
19,243円

1996(平成8)年
背広代
13,902円

2021(令和3)年
洗濯代
4,220円　背広代
2,721円

1989 '90　'92　'95'96　2000　'05　'10　'15　'20 '21年
（平成元）

出典：総務省家計調査

ともあります（「クリーニング事故賠償基準第４条運用マニュアル」（２）（ロ））。

① 約束した引渡し日に洗濯物がお客様に引き渡されない場合でお客様が代替品を賃借した時の料金

② お客様が損害賠償請求にあたって、あらかじめ、クリーニング業者などの同意を得て負担した調査費（ただし調査費は最終的には過失割合に応じて該当者が負担することが原則となります）

③ その他特別の事情による費用の支出をお客様が行っている場合

（6）賠償額

　クリーニング業者が「職務上相当な注意を怠った」場合や不法行為により事故を起こした場合、賠償基準第４条に規定する方式で算定した額の賠償金を業者が支払うこととなります。この算定方式は、事故品が着用に耐えない（全損又はみなし全損）として、クリーニング業者が事故品を引き取る場合に適用されます。事故の程度が軽く、お客様が品物を引き取り、引き続き使用するものの品物の価値が減じている場合は、部分損としてその割合に応じて賠償することとなります。また、クリーニング業者が賠償金の支払いと同時にお客様の求めにより事故物品をお客様に引き渡すときは、賠償額の一部をカットすることができます。

ア　物品の再取得価格が基準

　賠償金は「物品の再取得価格」を基準に算出されます。物品の再取得価格とは、損害が発生した物品と同一の品質の新規の物品を事故発生時に購入するのに必要な金額のことです。

イ　賠償額算出方法（第４条、第５条）

　賠償額の算出は、物品の再取得価格に事故賠償基準の別表２：物品購入時からの経過月数に対応する補償割合（144ページ）

に定める補償割合を乗じて行います。

$$賠償額＝物品の再取得価格 \times 別表２に定める補償割合$$

　この補償割合は、事故にあった物品をお客様が取得したときからクリーニング業者に預けたときまでの経過月数と物品の種類（140～143ページ　別表１：商品別平均使用年数表参照）、及び損害の程度に対応して定めています。

　なお、物品が贈与品である場合は、その贈与主の購入日から経過月数を算出します。

　また、物品の再取得価格を計算できない場合は、次のような基準で賠償額を算出します（賠償基準第５条）。

（A）ドライクリーニング処理が行われたとき…クリーニング料金の40倍

（B）ウエットクリーニング処理が行われたとき…クリーニング料金の40倍

（C）ランドリー処理が行われたとき…クリーニング料金の20倍

（D）特殊クリーニング処理が行われたとき…クリーニング料金の20倍

《留意点》

　背広の上下など、２点以上を一対としなければその着用が著しく困難な物品については、その一部にのみ損害が生じた場合でも、一対のもの全体を考慮して賠償額を算定します。ただし、お客様が一対のもののうち１点だけをクリーニングに出し、クリーニング業者がこれを知らなかった場合は、次のような割合によって、１点だけに対する賠償額を算定することができます。

- ツーピースの場合　…上衣60％、スラックス（スカート）40％
- スリーピースの場合…上衣55％、スラックス（スカート）35％、ベスト10％

算出例

2年3か月前（27か月前）に60,000円で購入した合冬物スーツがクリーニングのミスにより損傷、同一の品質の新規の物品が現在63,000円で販売されている。

- 物品の再取得価格…63,000円
- 合冬物スーツの平均使用年数…
  別表1商品区分No.11・4年
- 別表2に定める補償割合…
  A級68%・B級52%・C級40%
- 賠償額…B級＝63,000円×0.52＝32,760円

別表2（抜粋）

平均使用年数	1	2	3	4	補償割合		
					A級	B級	C級
購入時からの経過月数	1か月未満	2か月未満	3か月未満	4か月未満	100%	100%	100%
	1〜2〃	2〜4〃	3〜6〃	4〜8〃	94	90	86
	2〜3〃	4〜6〃	6〜9〃	8〜12〃	88	81	74
	3〜4〃	6〜8〃	9〜12〃	12〜16〃	82	72	63
	4〜5〃	8〜10〃	12〜15〃	16〜20〃	77	65	55
	5〜6〃	10〜12〃	15〜18〃	20〜24〃	72	58	47
	6〜7〃	12〜14〃	18〜21〃	24〜28〃	68	52	40

このほか、形見、記念品、骨とう品など主観的価値の大きい品物、あるいは海外での購入品など代替品のない品物については、あらかじめお客様と特約を結んでおくことが望まれます。

ウ　クリーニング代金請求の放棄

クリーニング業者に事故の原因がある場合、クリーニング業者は、クリーニング代金を請求しないものとされます。

8. クリーニング業者の責任

（1）賠償額の支払い

従来は、「クリーニング業者が、事故の原因の一部が他のものの過失に基づくことを証明したときは、そのものに対して求償することができるにとどまり、被害者に対しては本基準による賠償額の支払いを免れることはできない」となっていました。

2015（平成27）年に改訂したクリーニング事故賠償基準では、「クリーニング業者が、その職務の遂行において相当の注意を怠らなかったこと及び利用者またはその他の第三者の過失により事故の全部または一部が発生したことを証明したときは、その証明の限度において賠償額の支払いを免れる」ことになりました。

ただし、「クリーニング業者は、利用者以外のその他の第三者の過失により事故の全部または一部が発生したことを証明したときは、その他の第三者により利用者への賠償が迅速かつ確実に行われるよう、利用者を最大限支援しなければならない」としています。

なお、クリーニング業者自身に事故の一部について過失があり、その他の第三者に残りの部分の責任がある場合、その第三者が倒産するなどクリーニング業者との話し合いが事実上できない状況にあるときは、

クリーニング業者は、自身の負担部分についてのみ賠償をすればよいことになっています。

（2）クリーニング業者が賠償額支払いを免除されるケース

①お客様が洗濯物を受け取る際、事故のないことを確認し、異議なくこれを引き取ったことを証明する書面をクリーニング業者に交付したとき。

②お客様が洗濯物を受け取った後6か月を経過したとき。

③クリーニング業者が洗濯物を受け取った日から1年を経過したとき。（ただし、日数加算の例外があります）

④クリーニング業者が洗濯物を受け取った日から90日を過ぎても洗濯物をお客様が受け取らず、これについてお客様に責任がある場合は、受取りの遅延によって生じた損害については、その賠償責任を免れることができます。

（3）大規模自然災害により滅失・損傷した預り品の取扱い

地震や豪雨災害等、クリーニング業者の責めに帰すことのできない大規模自然災害によって、預り品が滅失・損傷し、洗濯物をお客様に返すことができなくなった場合、民法に基づき、クリーニング業者はその預り品の損害賠償を行う必要はありません。ただし、クリーニング業者が災害保険等に加入しており、滅失・損傷した洗濯物について補償を得ているときは、お客様はその代償の譲渡を請求できます。

なお、この場合のクリーニング料金の取扱いについては、以下の2つのケースに分かれます。

まめ知識
プライバシーマーク制度

　プライバシーマーク制度は、日本産業規格「JIS Q 15001個人情報保護マネジメントシステム－要求事項」に適合して、個人情報について適切な保護措置を講ずる体制を整備している事業者等を評価して、その旨を示すプライバシーマークを付与し、事業活動に関してプライバシーマークの使用を認める制度である。
　一般財団法人日本情報経済社会推進協会では経済産業省の指導を受けプライバシーマーク制度を創設して1998（平成10）年4月1日より運用を開始した。

マークの下に書かれている数字は事業者の登録番号。（　）内の数字は登録の回数を表すが、その部分の表示は任意となっている。

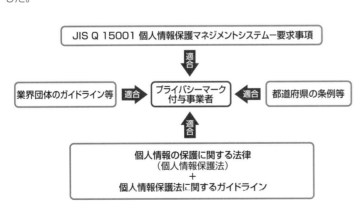

ア 一般的な状況下で被災した場合

クリーニング業者は洗濯物の返還債務を免れますが、クリーニング料金を受け取る権利を失います。既に料金を受領しているときは、返還しなければなりません。

イ 引取りを催告したにもかかわらず、お客様が引取りにこないうちに被災した場合

クリーニング業者は、預り品が滅失した場合はその債務を免れ、損傷した場合は、

COLUMN
パートタイム労働者の雇用管理の改善のために

小規模事業者にとって人材の確保策は喫緊の課題だ。良い人材の確保は事業者にとっても組織強化の観点から重要な課題である。クリーニング業界にとっても例外ではない。

正規雇用労働者はもとより、有期雇用労働者やパートタイム労働者等、非正規雇用労働者の方々も大きな戦力となっている。

パートタイム労働者等の人材を確保するためには、法律に則った労務管理を行い、適正な賃金、手当等の支給等を行うことが必要である。そこで、パートタイム労働者・有期雇用労働者の公正な待遇を確保するため改正された「パートタイム・有期雇用労働法」について、概要を押さえておきたい。

この法律は、2020(令和2)年4月1日に施行された(中小企業への適用は2021(令和3)年4月1日)。

（主な改正内容）

1.不合理な待遇差の禁止
同一企業内において、正規雇用労働者とパートタイム・有期雇用労働者との間で、基本給や賞与等のあらゆる待遇について、不合理な待遇差を設けることが禁止される。

2.労働者に対する待遇に関する説明義務の強化
事業主は、パートタイム・有期雇用労働者から求めがあった場合は、正規雇用労働者との間の待遇差の内容や理由等について、説明をしなければならない。

3.行政による事業者への助言・指導等や裁判外紛争解決手続の整備
都道府県労働局において、無料・非公開の紛争解決手続きを行う。

例えば、クリーニング所において、正規雇用労働者は、パートタイム・有期雇用労働者と比べて、職務内容(業務の内容と責任の程度)や職務内容・配置の変更の範囲等が異なる場合が多いと考えられる。このような場合、パートタイム・有期雇用労働法では、基本給や賞与、各種手当、福利厚生、教育訓練等、個々の待遇ごとに、①職務内容、②職務内容・配置の変更の範囲、③その他の事情のうち、それぞれの待遇の性質・目的に照らし適切と認められる事情を考慮して、正規雇用労働者とパートタイム・有期雇用労働者との間の不合理な待遇差を設けてはならないとされている。

また、短時間・有期雇用労働者及び派遣労働者に対する不合理な待遇の禁止等に関する指針(平成30年厚生労働省告示第430号。いわゆる「同一労働同一賃金ガイドライン」)においては、正規雇用労働者と非正規雇用労働者(パートタイム労働者、有期雇用労働者、派遣労働者)との間で、待遇差がある場合、どのような待遇差が不合理に当たるか等の、原則となる考え方と具体例が示されている。

事業者は、正規雇用労働者とパートタイム・有期雇用労働者との間の待遇差について、自社の状況が法律の内容に沿ったものか点検を行い、法施行までに、必要に応じた制度の改定に向けて、労使においてしっかり話し合うことが重要となる。

今後、このようにしっかりとした労務管理を構築することが、事業者に求められるが、このことで労使関係に信頼が生まれ、組織力強化が図られていくことも期待されている。

(参考)厚生労働省HP　同一労働同一賃金特集ページ
自社の状況が法律の内容に沿ったものなのかどうか、点検の手順を示した「取組手順書」や、生活衛生業の特性を踏まえて、具体例を付しながら各種手当・福利厚生・賞与・基本給について点検・検討手順を詳細に示した「不合理な待遇差解消のための点検・検討マニュアル　生活衛生業編」が掲載されている。
https://www.mhlw.go.jp/stf/seisakunitsuite/bunya/0000144972.html

損傷した物を返還すれば債務を履行したことになり、いずれの場合にもお客様に対してクリーニング料金の支払いを請求することができます。

（注）例えば隣家から火事で店が類焼した場合などは、民法により上記と同様の扱いとなります。また、水害などにより預かった洗濯物が、滅失・損傷した場合も同様の取扱いになります。

（4）長期間放置品への対応

クリーニングの仕上り予定日を過ぎても長い間お客様が引取りに来ない「長期間放置品」は、基本的にお客様の「所有権」が消滅しないことから、長らくクリーニング業者を悩ませてきました。しかしながら、今後さらに高齢化・核家族化・孤独化を迎える社会のなかで放置品が増えていくことが予想されることや、クリーニング店をクローゼット代わりにしてあえて引取りに来ないお客様への対応など、「長期間放置品」の解消に向けての取組みが必要となっています。

そのため、全国クリーニング生活衛生同業組合連合会がクリーニング事故賠償基準を作成するために設けた弁護士や消費生活相談員、クリーニング関係業界の委員らで構成するクリーニング賠償問題協議会で「クリーニング長期間放置品解消検討委員会および分科会」を組織し、2017（平成29）年度に長期間放置品を解消するための方策を取りまとめました。

まず、一義的には、仕上り予定日を過ぎたクリーニング品は一刻も早くお引取りいただくことを基本にしてお客様に理解してもらうことを周知徹底することが必要です。

さらに、お客様と放置品の処分に関する

お引取りのないお預り品の取扱いについて

仕上り予定日を過ぎてもお引取りがないお預り品に関して、仕上り予定日から◯◯日経過したお預り品を処分させていただきます。
一日も早い**お引取り**をお願いいたします。
また、お客様の大切な品物を良い状態でお返しするために以下の点にご協力をお願いいたします。

処分までの最短期間
「仕上り予定日から90日」を参考に、事業者ごとに処分までの日数を定め周知する。

お客様の連絡先（電話・住所・メール等）を正確にお知らせください。

お預り証を大切に保管してください。

仕上ったお品物は、一日も早いお引取りをお願いします。

詳しくは店頭スタッフへ

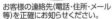

ご理解のほどお願い申し上げます

製作／全国クリーニング生活衛生同業組合連合会

周知用のステッカー（製作／全国クリーニング生活衛生同業組合連合会）

条項が含まれた契約を交わし、契約内容の周知および督促等のクリーニング業者の果たすべき責務を完遂したうえで、仕上り予定日から一定期間※を経過したものについて契約に基づき処分できるようにすることを提案しています。

この提案では、クリーニング業者が果たすべき責務を次のように例示しています。

- 利用者と放置品の処分に関する条項が含まれた契約を交わす。
- 契約を交わすうえで、その内容を次のような方法で適正に告知および表示する。
  ①クリーニング約款に基づく「クリーニング契約」を説明、明示する。
  ②契約による処分を預り証に明記し、説明とともに手渡しする。
  ③契約による処分を店頭ポスターやステッカーにして掲示する。
- 利用者の連絡先を正確に把握し、同時に個人情報の管理体制を整備する。
- 把握した連絡先をもとに店舗ごとに定めたルールに基づいて定期的に督促の連絡を行う。

※クリーニング長期間放置品解消検討委員会が作成した契約例では、処分までの最短期間を「仕上り予定日から90日」に設定しており、この期間を目安に店舗ごとに処分までの日数を定めるように推奨しています。

また、「過去からある放置品」＝処分に関する契約を結んでいない放置品については、お客様と連絡がつかないことを前提に下記のアンケート結果などから仕上り予定日から５年経過を目安にして、お客様が長期間引取りに来ないことに、所有権を放棄したとみなす考え方を適用し、特例的に処分を行うことを提案しています。

長期保管品アンケート調査

洗濯物の長期間放置品の問題は長年の課題だ。全国クリーニング生活衛生同業組合連合会が実施したアンケート調査によると長期放置品がある店は9割近くにのぼった。長期間放置品の返却時に保管料（延滞金）を請求したか否かでは、9割が請求したことはないと回答している。

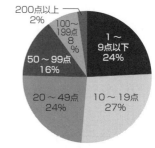

長期間放置品の点数

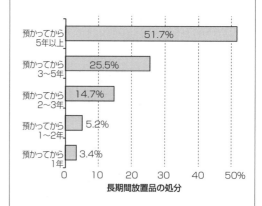

長期間放置品の処分

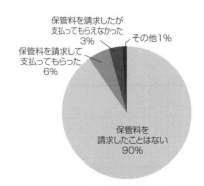

長期間放置品の保管料金

出典：クリーニングオンライン

54

第4章　繊維製品等に関する表示の基礎知識

Q1　繊維製品の表示はどのようにして決められるのですか？

A　繊維製品の表示に関しては「繊維製品品質表示規程」で表示すべき事項、表示の対象となる品目、表示の方法、表示の内容などが定められています。

なお、革製衣料に関する表示は「雑貨工業品品質表示規程」にしたがって表示することになっています。

Q2　表示事項に関して教えてください

A　表示事項は、①繊維の組成、②家庭洗濯等取扱方法（取扱表示）、③はっ水性です。どのような品目にどのような事項を表示するかが「表示の対象一覧表」（表Ⅱ－1）によって決められています。

取扱表示は、洗濯、クリーニングなどの取扱い方法に関する情報を伝えるもので、2016（平成28）年11月30日まではJIS L 0217による記号を使用していましたが、2016（平成28）年12月1日からはISOに整合化したJIS L 0001による記号に切り替えられました。

Q3　表示の方法はどのようになっていますか？

A　①組成表示は、繊維の名称を示す用語「指定用語」（表Ⅱ－2）を使って、混用率を百分率で示します。単独の繊維の場合は、「○○100％」のようになります。
②取扱表示は、表Ⅱ－3左側の図柄を使って「洗濯」「漂白」「乾燥」「アイロン仕上げ」「商業クリーニング」「ウェットクリーニング」の順に並べることになっています。
③はっ水性は、コート類が対象で、定められた基準に合格した物に限って表示ができます。洗濯（ドライクリーニング）によって、性能が低下する場合は、その旨付記することになっています。

2016(平成28)年12月前後に販売された商品は、JIS L 0217とJIS L 0001が併記されているものがありますよ

クリーニングの注意点も、細かく書かれていますね

表Ⅱ－1　表示の対象一覧表（家庭用品品質表示法）

品目 / 表示事項			組成(注5)	取扱表示	はっ水性(注6)	品目 / 表示事項	組成	取扱表示	はっ水性
(1) 糸　（注1）			○	－	－	靴下	○	－	－
(2) 織物、ニット生地及びレース生地(注2)			○	－	－	手袋	○	－	－
(3)衣料品等(注3)	コート	特定織物のみを表生地に使用した和装用のもの(注4)	◎	－	○	帯	○	－	－
		その他のもの	◎	○	○	足袋	○	－	－
	セーター		○	○	－	帽子	○	○	－
	シャツ		○	○	－	ハンカチ	○	－	－
	ズボン		○	○	－	(3)衣料品等(注3)　マフラー、スカーフ、ショール	○	○	－
	水着		○	－	－	風呂敷	○	－	－
	ドレス、ホームドレス		○	○	－	エプロン、かっぽう着	○	○	－
	ブラウス		○	○	－	ネクタイ	○	○	－
	スカート		○	○	－	羽織ひも、帯締め	○	－	－
	事務服、作業服		○	○	－	床敷物	○	－	－
	上衣		◎	○	－	毛布	○	○	－
	子供用オーバーオール、ロンパース		○	○	－	膝掛け	○	○	－
	下着	繊維の種類が1種類のもの／なせん加工品	○	○	－	上掛け	○	○	－
		その他のもの	○	－	－	布団カバー	○	○	－
		特定織物のみを表生地に使用した和装用のもの(注4)	○	－	－	敷布	○	○	－
		その他のもの	○	○	－	布団	○	○	－
	寝衣		○	○	－	カーテン	○	○	－
	羽織着物	特定織物のみを表生地に使用した和装用のもの(注4)	○	－	－	テーブル掛け	○	○	－
		その他のもの	○	○	－	タオル、手拭い	○	－	－
						ベッドスプレッド、毛布カバー、枕カバー	○	○	－

(注) 1：糸の全部又は一部が綿、麻（亜麻及び苧麻に限る。）、毛、絹、ビスコース繊維、銅アンモニア繊維、アセテート繊維、ナイロン繊維、ポリエステル系合成繊維、ポリウレタン系合成繊維、ガラス繊維、ポリエチレン系合成繊維、ビニロン繊維、ポリ塩化ビニリデン系合成繊維、ポリ塩化ビニル系合成繊維、ポリアクリルニトリル系合成繊維又はポリプロピレン系合成繊維であるものに限る。
　　　2：(1)に掲げる糸を製品の全部又は一部に使用して製造したものに限る。
　　　3：(1)に掲げる糸や(2)に掲げる織物、ニット生地又はレース生地を製品の全部又は一部に使用して製造し又は加工した繊維製品（電気加熱式のものを除く。）に限る。
　　　4：「特定織物」とは、組成繊維中における絹の混用率が50％以上の織物又はたて糸若しくはよこ糸の組成繊維が絹のみの織物をいう。
　　　5：組成欄の「◎」詰物を使用しているものについては、表生地、裏生地及び詰物（ポケット口、肘、衿等の一部に衣服の形状を整えるための副資材として使用されている物を除く。）を表示する。
　　　6：「はっ水性」の表示は、レインコート等はっ水性を必要とするコート以外の場合は必ずしも表示をする必要はない。

56

表Ⅱ－2　組成表示のための指定用語

分類	繊維の種類		指定用語（表示名）
植物繊維	綿		綿 コットン COTTON
	麻（亜麻及び苧麻のみ）		麻 亜麻 リネン
			麻 苧麻 ラミー
	上記以外の植物繊維		「植物繊維」の用語に、その繊維の用語または商標を括弧で付記
動物繊維	毛	羊毛	毛 羊毛 ウール WOOL
		アンゴラ	毛 アンゴラ
		カシミヤ	毛 カシミヤ
		モヘヤ	毛 モヘヤ
		らくだ	毛 らくだ キャメル
		アルパカ	毛 アルパカ
		その他のもの	毛
			「毛」の用語に、その繊維の用語または商標を括弧で付記
	絹		絹 シルク SILK
	上記以外の動物繊維		「動物繊維」の用語に、その繊維の用語または商標を括弧で付記
再生繊維	ビスコース繊維	平均重合度が450以上のもの	レーヨン RAYON ポリノジック
		その他のもの	レーヨン RAYON
	銅アンモニア繊維		キュプラ
	上記以外の再生繊維		「再生繊維」の用語に、その繊維の用語または商標を括弧で付記

分類	繊維の種類		指定用語（表示名）
半合成繊維	アセテート繊維	水酸基の92％以上が酢酸化されているもの	アセテート ACETATE トリアセテート
		その他のもの	アセテート ACETATE
	上記以外の半合成繊維		「半合成繊維」の用語に、その繊維の用語または商標を括弧で付記
合成繊維	ナイロン繊維		ナイロン NYLON
	アラミド繊維		アラミド
	ビニロン繊維		ビニロン
	ポリ塩化ビニリデン系合成繊維		ビニリデン
	ポリ塩化ビニル系合成繊維		ポリ塩化ビニル
	ポリエステル系合成繊維		ポリエステル POLYESTER
	ポリアクリルニトリル系合成繊維	アクリルニトリルの質量割合が85％以上のもの	アクリル
		その他のもの	~~アクリル系~~⇒モダクリル ＊アクリル系は法改正によりモダクリルに変更された、令和4年1月1日告示
	ポリエチレン系合成繊維		ポリエチレン
	ポリプロピレン系合成繊維		ポリプロピレン
	ポリウレタン系合成繊維		ポリウレタン
	ポリ乳酸繊維		ポリ乳酸
	上記以外の合成繊維		「合成繊維」の用語に、その繊維の用語または商標を括弧で付記
無機繊維	ガラス繊維		ガラス繊維
	炭素繊維		炭素繊維
	金属繊維		金属繊維
	上記以外の無機繊維		「無機繊維」の用語に、その繊維の用語または商標を括弧で付記
羽毛	ダウン		ダウン
	その他のもの		フェザー
			その他の羽毛
分類外繊維	上記以外の繊維		「分類外繊維」の用語に、その繊維の用語または商標を括弧で付記

※上記の「分類」が明らかで、「繊維の種類」が不明な場合は、繊維の名称を示す用語または商標（＝括弧部分）が省略できる

※複合繊維の名称を示す場合には、「複合繊維」の用語の後に1種類以上、3種類までのポリマーの名称を示す用語等（全てのポリマーの名称が前の表の右欄に掲げる指定用語（「上記以外の植物繊維」、「上記以外の動物繊維」、「上記以外の再生繊維」、「上記以外の半合成繊維」、「上記以外の合成繊維」、「上記以外の無機繊維」又は「上記各項目に掲げる繊維等以外の繊維」に該当する指定用語を除く。）に当たる場合はその指定用語を、それ以外の場合は複合繊維の名称を示す「商標」又は「指定用語及びポリマーの名称を示す用語」）を表示する（繊維規程第6条第2項）。

Q4　表示の責任についてはどうなっていますか?

A　表示した責任を明らかにするため「表示者名」を付記しなければなりません。表示者名とともに住所又は電話番号を表示することも決められています。クリーニング店や消費者からの問い合わせ、苦情の申し出などに対して連絡できることが条件です。

Q5　取扱(絵)表示の図柄の意味を教えてください

A　(表Ⅱ-3)を参考にしてください。洗い方に関しては洗濯処理記号の図の中に記されている数字が液温の上限になります。写真の表示の場合は水洗いができないので、「×」印が付され、温度が記されていません。

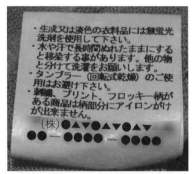

表示者名、住所又は電話番号が
表示されています

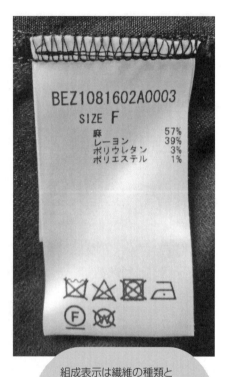

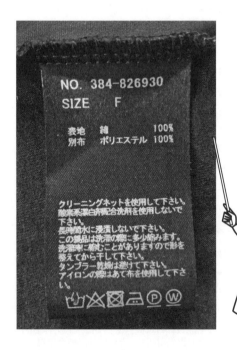

組成表示は繊維の種類と
混用率
「取扱表示」は、左から
　①洗い方
　②漂白処理
　③乾燥方法
　④アイロン仕上げ
　⑤商業クリーニングの方法
を表します

Q6　JIS L 0217 の表示記号と JIS L 0001 の表示記号がどのように対応するか教えてください

A 繊維製品に付けられる洗濯処理のための表示記号は、2016（平成28）年12月1日以降も、JIS L 0217の表示がある繊維製品が持ち込まれることに伴い、JIS L 0001とJIS L 0217による記号をグループ化した対比表（表Ⅱ－3）が厚生労働省、経済産業省、消費者庁の連名によって作成されています。

表Ⅱ－3　JIS L 0001 表示記号に対するクリーニング業界の対応

洗濯処理のための表示記号

JIS L 0001：2014			JIS L 0217：1995		
番号	表示記号	表示記号の意味	番号	表示記号	表示記号の意味
190	95	液温は、95℃を限度とし、洗濯機で通常の洗濯処理ができる。	101	95	液温は、95℃を限度とし、洗濯ができる。
170	70	液温は、70℃を限度とし、洗濯機で通常の洗濯処理ができる。		JIS L 0217 には対応する記号なし。 JIS L 0001 を参照して処理する。	
160	60	液温は、60℃を限度とし、洗濯機で通常の洗濯処理ができる。	102	60	液温は、60℃を限度とし、洗濯機による洗濯ができる。
161	60	液温は、60℃を限度とし、洗濯機で弱い洗濯処理ができる。			
150	50	液温は、50℃を限度とし、洗濯機で通常の洗濯処理ができる。		JIS L 0217 には対応する記号なし。 JIS L 0001 を参照して処理する。	
151	50	液温は、50℃を限度とし、洗濯機で弱い洗濯処理ができる。			
140	40	液温は、40℃を限度とし、洗濯機で通常の洗濯処理ができる。	103	40	液温は、40℃を限度とし、洗濯機による洗濯ができる。
141	40	液温は、40℃を限度とし、洗濯機で弱い洗濯処理ができる。			
142	40	液温は、40℃を限度とし、洗濯機で非常に弱い洗濯処理ができる。	104	弱 40	液温は、40℃を限度とし、洗濯機の弱水流又は弱い手洗いがよい。
130	30	液温は、30℃を限度とし、洗濯機で通常の洗濯処理ができる。		JIS L 0217 には対応する記号なし。 JIS L 0001 を参照して処理する。	
131	30	液温は、30℃を限度とし、洗濯機で弱い洗濯処理ができる。	105	弱 30	液温は、30℃を限度とし、洗濯機の弱水流又は弱い手洗いがよい。
132	30	液温は、30℃を限度とし、洗濯機で非常に弱い洗濯処理ができる。			
110	手洗い	液温は、40℃を限度とし、手洗いによる洗濯処理ができる。	106	手洗イ 30	液温は、30℃を限度とし、弱い手洗いがよい。 洗濯機は使用できない。
100	✕	洗濯処理はできない。	107	✕	水洗いはできない。

漂白処理のための表示記号

JIS L 0001：2014			JIS L 0217：1995		
番号	表示記号	表示記号の意味	番号	表示記号	表示記号の意味
220	△	塩素系及び酸素系漂白剤による漂白処理ができる。	201	(三角フラスコ形記号 エンソサラシ)	塩素系漂白剤による漂白ができる。
210	⧄	酸素系漂白剤による漂白処理ができるが、塩素系漂白剤による漂白処理はできない。		JIS L 0217 には対応する記号なし。JIS L 0001 を参照して処理する。	
200	⨻	漂白処理はできない。	202	(三角フラスコ形記号×印 エンソサラシ)	塩素系漂白剤による漂白はできない。

乾燥のための表示記号

JIS L 0001：2014			JIS L 0217：1995		
番号	表示記号	表示記号の意味	番号	表示記号	表示記号の意味
320	(□内〇内••)	洗濯処理後のタンブル乾燥処理ができる。高温乾燥：排気温度の上限は最高80℃		JIS L 0217 には対応する記号なし。JIS L 0001 を参照して処理する。	
310	(□内〇内•)	洗濯処理後のタンブル乾燥処理ができる。低温乾燥：排気温度の上限は最高60℃			
300	(□内〇×印)	洗濯処理後のタンブル乾燥処理はできない。			
440	(□内縦線1本)	つり干し乾燥がよい。	601	(シャツ形)	つり干しがよい。
430	(□内縦線2本)	ぬれつり干し乾燥がよい。			
420	(□内横線1本)	平干し乾燥がよい。	603	(シャツ形 平)	平干しがよい。
410	(□内横線2本)	ぬれ平干し乾燥がよい。			
445	(□左上斜線縦線1本)	日陰でのつり干し乾燥がよい。	602	(シャツ形 斜線)	日陰のつり干しがよい。
435	(□左上斜線縦線2本)	日陰でのぬれつり干し乾燥がよい。			
425	(□左上斜線横線1本)	日陰での平干し乾燥がよい。	604	(シャツ形 斜線 平)	日陰の平干しがよい。
415	(□左上斜線横線2本)	日陰でのぬれ平干し乾燥がよい。			

アイロン処理のための表示記号

番号	表示記号	表示記号の意味	番号	表示記号	表示記号の意味
	JIS L 0001：2014			JIS L 0217：1995	
530		底面温度 200℃を限度としてアイロン仕上げ処理ができる。	301	高	アイロンは 210℃を限度とし、高い温度（180～210℃まで）で掛けるのがよい。
520		底面温度 150℃を限度としてアイロン仕上げ処理ができる。	302	中	アイロンは 160℃を限度とし、中程度の温度（140～160℃まで）で掛けるのがよい。
510		底面温度 110℃を限度としてスチームなしでアイロン仕上げ処理ができる。	303	低	アイロンは 120℃を限度とし、低い温度（80～120℃まで）で掛けるのがよい。
500		アイロン仕上げ処理はできない。	304		アイロンがけはできない。

ドライクリーニングのための表示記号

番号	表示記号	表示記号の意味	番号	表示記号	表示記号の意味
	JIS L 0001：2014			JIS L 0217：1995	
620	P	パークロロエチレン及び記号Ⓕの欄に規定の溶剤でのドライクリーニング処理*)ができる。通常の処理	401	ドライ	ドライクリーニングができる。溶剤は、パークロロエチレン又は石油系のものを使用する。
621	P	パークロロエチレン及び記号Ⓕの欄に規定の溶剤でのドライクリーニング処理*)ができる。弱い処理			
610	F	石油系溶剤（蒸留温度 150℃～210℃、引火点 38℃～）でのドライクリーニング処理*)ができる。通常の処理	402	ドライセキユ系	ドライクリーニングができる。溶剤は、石油系のものを使用する。
611	F	石油系溶剤（蒸留温度 150℃～210℃、引火点 38℃～）でのドライクリーニング処理*)ができる。弱い処理			
600		ドライクリーニング処理ができない。	403	ドライ	ドライクリーニングはできない。

注 *)：ドライクリーニング処理は，タンブル乾燥を含む。

ウエットクリーニングのための表示記号

番号	表示記号	表示記号の意味	番号	表示記号	表示記号の意味
	JIS L 0001：2014			JIS L 0217：1995	
710	W	ウエットクリーニング処理ができる。通常の処理			
711	W	ウエットクリーニング処理ができる。弱い処理			JIS L 0217 には対応する記号なし。JIS L 0001 を参照して処理する。
712	W	ウエットクリーニング処理ができる。非常に弱い処理			
700	W	ウエットクリーニング処理はできない。			

ただし、基本的な考え方や記号の数が異なることから、記号相互間の対応関係はありません。

ちなみに、「ドライクリーニングのための表示記号」中の「パークロロエチレン」は、「テトラクロロエチレン」と同じものです（87ページまめ知識「テトラクロロエチレン」参照）。

Q7　付記用語に関して説明してください

A　図柄では表示できない素材のメリット、デメリットや、取扱いで注意したいことなどを情報として伝えるために簡単な文言（付記用語）が使われます。表Ⅱ－4、表Ⅱ－5を参考にしてください。付記用語は、決められた文言ではないので同じ意味

表Ⅱ－4　付記用語例

		付　記　用　語	表示を必要とする製品
洗い	1	クリーニングネットを使用してください。	形くずれ、ピリング、毛羽立ちしやすいもの
	2	移染しやすいので他の物と分けて洗ってください。	洗濯で色落ち、移染しやすいもの
	3	もみ洗いは避けてください。	白場のある濃色の顔料染着品
	4	ボタンを取外して洗ってください。	金属ボタン
	5	押し洗いをしてください。	毛製品でフェルト化するもの
	6	ファスナーは閉じて洗ってください。	
	7	蛍光増白剤が入っていない洗剤を使用してください。	天然繊維素材の淡色品
	8	洗濯は専門店に相談してください。	皮革、毛皮製品、和装品
漂白	1	酸素系漂白剤配合洗剤を使用しないでください。	含金染料使用製品
アイロン	1	スチームアイロンを使用しないでください。	エンボス品、絹、レーヨン製品
	2	スチームアイロンをうかしながら整形してください。	別珍、キルティング製品など
	3	カップにアイロンをあてないでください。	
	4	シャーリング部分にはアイロンをあてないでください。	
	5	アイロンは裏側からあててください。	別珍、コール天製品など
	6	プリント部分のアイロンはお避けください。	ラバープリント製品
干し方	1	形を整えてから干してください。	ニット製品
	2	他の物に移染しますので洗濯後直ちに干してください。	洗濯で色落ち、移染しやすいもの
	3	タンブラー乾燥はお避けください。	タンブル乾燥で収縮が大きく、吊り干しで許容内のもの

表Ⅱ－5　取扱い注意事例

シワ加工

取扱い上のご注意

1. この商品は生地の光沢をより美しく、そして自然についたシワのように見せるため、特別のシワ加工をしております。
2. このシワは熱や樹脂加工により完全にセットしたものではありませんので、御着用中に新しいシワができたり、またアイロンをかけますと、シワが消失したり致します。
3. クリーニングに出されるときは、クリーニング店にシワ加工であることをお伝えください。

インディゴ染め商品

取扱い上のご注意

この商品は天然素材（藍染め）の独特な風合いを求めた現代感覚のファッション製品です。
製品の次の特質をご承知のうえ、おしゃれをお楽しみください。

1. 洗えば洗うほど（10回位）色が落ちていきます。
2. 洗濯により洗液がにごりますので他のものと一緒にしないで単独でお洗いください。
3. 白いものと重ね着用されますと色移りがしますのでご注意ください。
4. ドライクリーニングは避けてください。

でありながら異なる表現をしている場合があります。短文の場合は縫い付けラベルなどに記されますが、長文で商品情報のような場合は、販売時の下げ札などになる場合もあります。

JIS L 0001付属書C（参考）では、「付記用語は、幾つかの処理記号を続けて表示した後に別行で付記し、製品又は同時に家庭洗濯及び／又は商業クリーニングされるその他の被洗物に損傷を与えることなく元の状態に復元し、通常の使用ができるようにするために付加する取扱情報である。」

とし、一般的に使用する付記用語が例示されています（表Ⅱ－6）。

また、「消費者又はクリーニング業者が当然実施すると考えられる通常の取扱方法によって、製品又は他の被洗物に損傷を与えるおそれがある場合には、ここに記載した用語以外の付記用語を記載する必要がある。なお、ラベルに記載する付記用語の数は，最小限にとどめるのがよい。」としています。長文になる「取扱い上のご注意」などは下げ札表示になることもあります（表Ⅱ－5参照）。

表Ⅱ－6　付記用語の例

付記用語	対応英語	付記用語	対応英語
使用前に洗濯する	wash before use	ねじり又は絞り禁止	do not wring or twist
湿った布で拭取りだけ	damp wipe only	湿った状態で形を整える	reshape whilst damp
洗濯前に…を取外す	remove... before washing	形を整えて平干し	reshape and dry flat
同系色と一緒に洗う	wash with like colors	熱源（直熱）から離して乾燥	dry away from direct heat
単独で洗う	wash separately	乾燥機からすぐに取り出す	remove promptly
裏返しにして洗う	wash inside out	あて布使用	use press cloth
洗濯ネット使用	use wash net	テカリ又は黄変防止のためにあて布使用	iron on a cloth to prevent glazing or yellowing
中性洗剤使用	–	アイロンは裏側から	iron reverse side only
蛍光増白剤禁止	no optical brighteners	飾り部分アイロン禁止	do not iron decoration
柔軟剤禁止	do not add fabric conditioner	プリント部分アイロン禁止	–
つけ置き禁止	do not soak	スチームアイロン禁止	do not steam iron
短時間脱水	–	スチームアイロン推奨	steam iron recommended
弱く絞る	–	スチームだけ（浮かしアイロン）	steam only

注記1　対応英語は、対応国際規格（ISO 3785）を参考として記載した。
注記2　付記用語は、表示例のように記号の近くに付記することが望ましい。

表示例

中性洗剤使用
洗濯ネット使用
あて布使用
飾り部分アイロン禁止

Q8　革製衣料の表示はどのように なっていますか？

A　革製衣料は「雑貨工業品品質表示規程」にしたがって表示することになっています。材料の種類と取扱い上の注意を表示します。

材料の種類：牛革

取扱い上の注意：

イ．洗濯（ベンジンを用いる場合を含む）または水洗いをすると革の色が落ち、または革が硬化するおそれがあります。

ロ．重ね置きをしないで温度及び湿度が低く、かつ通気の良い所に保存することとし、特に梅雨期において陰干しを行ってください。

ハ．革の汚れを落とす場合は、革製衣料専用のクリーナーを用いてください。

ニ．アイロンは低温で厚い紙または布の上からかけることとし、蒸気アイロンは用いないでください。

〇〇革製衣料株式会社

革製衣料の例

Q9　海外の表示はどうなっているの ですか？

A　海外の表示は、各国の文字、表示方法が各々違い、全部を理解するのは大変なことですが、標準的なものとしてISO（アイエスオー：International Organization for Standardization）（国際標準化機構）の表示記号があります。JIS L 0001：2014の表示記号は、このISOの表示記号に準拠しています。組成表示に関しては、主要国の繊維表記を（表Ⅱ－7）に示してありますので参考にしてください。特に英語表記は必ず理解するようにしてください。また、文言表示の例として、英語による表示の代表的なものを（表Ⅱ－8）に示してあります。

海外製品の表示

表Ⅱ－7　主要国の繊維表記

日　　本	綿	麻 亜麻	麻 苧麻	絹	毛	レーヨン	キュプラ	アセテート	ナイロン	ポリエステル
イギリス	cotton	flax	ramie	silk	wool	rayon	cupra	acetate	nylon	polyester
ド　イ　ツ	baumwolle	flachs	ramie	seide	wolle	kunstseide rayon	kupferseide	acetat	nylon	polyester
フランス	coton	lin	ramie	soie	laine	rayonne	cupra	acetate	nylon	polyester
イタリア	cotone	lino	ramie	seta	lana	raion	cupra	acetato	nailon	poliestere
スペイン	algodon	lion	ramio	seda	lana	rayon	cupra	acetato	nailon	poliester
オランダ	katoen	vlas	ramee	zijde	wol	rayon	cupra	acetaat	nylon	polyester
デンマーク	bomuld	hoer	ramie	silke	uld	rayon	kobberrayon	acetat	polyamid	polyester
韓　　国	면	아마	저마	견/실크	모	레이온		아세테이트	나일론	폴리에스테르
中　　国	棉			绢	毛	粘胶		醋酯	锦纶	涤纶
台　　湾	棉			絹	毛	媄縈		醋酯	尼龍(耐隆)	聚酯

日　　本	アクリル	モダクリル	ポリプロピレン	ポリ塩化ビニル	ポリエチレン	ポリウレタン
イギリス	acrylic	modacrylic	polypropylene	polyvinylchloride	polyethylene	polyurethane
ド　イ　ツ	acryl	modacryl	polypropylen	polyvinylchlorid	polyathylen	polyurethan
フランス	acrylique	modacrylique	polypropylene	chlorure polyvinylique	polyethylene	polyurethanne
イタリア	fibra acrilica		polipropilene	cloruro di polivinile	polietilene	poliuretano
スペイン	fibra acrilica	modacrilico	polipropileno	clrouro de polivinilo	polietileno	poliuretano
オランダ	acryl	modacryl	polypropeen	polyvinylchloride	polyetheen	polyurethanen
デンマーク	acryl	modacryl	polypropylen	polyvinylchlorid	polyethylen	polyurethan
韓　　国	아크릴		폴리프로필렌	폴리염화비닐	폴리에칠렌	폴리우레탄
中　　国	腈纶		聚丙烯纤维 （丙纶）	聚氯乙烯纤维 （氯纶）	聚乙烯纤维	聚氨基甲酸酯纤维 （氨纶）
台　　湾	聚丙烯腈		聚丙烯纖維	聚氯乙烯纖維	聚乙烯纖維	聚按基甲酸乙酯

洗濯物の受取り、保管及び引渡し

65

1．洗濯	**4．アイロンがけ及びプレス**
(1) **Do not wash**：水洗いしないでください。 (2) **Machine wash**：業務用または家庭用洗濯機で洗濯し、すすぎ、遠心脱水してください。 　**Boiling**：最高液温95℃ 　**Very hot**：最高液温70℃ 　**Hot**：最高液温60℃ 　**Hand hot**：最高液温50℃ 　**Warm**：最高液温40℃ 　**Cool**：最高液温30℃ 　**Cold**：常温 (3) **Separately** 注1)：単独に又は同じ色物と一緒に洗ってください。 (4) **Wash inside out**：保護のため製品を裏返しして洗濯してください。	(1) **Hot iron**：高温約200℃に設定。 (2) **Warm iron**：中温約150℃に設定。 (3) **Cool iron**：低温約110℃に設定。 (4) **Do not iron**：アイロンがけしないでください。 (5) **Iron on reverse side only**：裏側からアイロンがけまたはプレスしてください。 (6) **Do not steam**：蒸気をあてないでください。 (7) **Use press cloth**：あて布を使用してください。
2．漂白	**5．ドライクリーニング**
(1) **Do not bleach**：あらゆる漂白剤を使用しないでください。	(1) **Dry clean , nomal articles**：普通の有機溶剤を用いて、営業ドライクリーニングを行うか、又はセルフサービスの機械でドライクリーニングを行って、タンブル乾燥し、形を回復させてください。 (2) **Professionally dry clean or commercially dry clean only**：専門業者によるドライクリーニングのみを行ってください。 (3) **Do not dry clean**：ドライクリーニングできない製品です。
3．洗濯後の乾燥	
(1) **Tumble dry**：タンブル乾燥機を使用してください。 　**Hot**：乾燥機を最高温度に設定。 　**Warm**：乾燥機を中温に設定。 　**Cool**：乾燥機を低温に設定。 　**Do not tumble dry**：タンブル乾燥機を使用しないでください。 (2) **Line dry**：吊り干ししてください。 (3) **Dry in shade**：陰干ししてください。 (4) **Dry flat**：平干ししてください。	

注1)：**Separately** と同じ表現として、「**With like colors**：同系色まとめ洗い」があります。
注2) 毛皮、皮革及び合成・人工皮革のクリーニング表現に関しては、実例として次の表現があります。
Do not wash or dry clean by fabric methods
Have cleaned by leather expert
　最近はやりのコーティング物の表示の実例としては以下のようなものがあります。
*SMEARING OF POLYURETHANE
*POLYURETHANE COATING
*COATING INNER SURFACE
*SMEARING OF PVC AND POLYURETHANE
*100%POLYESTER WITH POLYURETHANE COATING
　（SMEAR：塗りつける）

Q10　クリーニング業の立場から、表示に関してどのような点に注意したらよいでしょうか？（国内表示）

A　次の3事項に注意しましょう。

ア　組成表示に関して

使用してある主素材の繊維名と混用率は表示されますが、ボタンやビーズなど付属物の表示はありません。また、使用生地の加工法、染色方法に関しても表示義務はありません。組成表示と絵表示の関連で疑問のあるような場合は、事前になぜなのかを表示の連絡先（メーカーなど）に確認しましょう。

イ　取扱表示に関して

JIS L 0217：1995による取扱い絵表示は、消費者が家庭で洗濯などをする場合の方法を指示することを目的とするもので、商業クリーニングは対象外でした。

これに対して、ISOに整合化したJIS L 0001：2014による取扱表示は、繊維製品の取扱いを行う間に回復不可能な損傷を起こさない最も厳しい処理・操作に関する情報を提供するためのもので、ドライクリーニングとウエットクリーニングの表示は、商業クリーニングの方法を示す表示として定められています。また、記号で表示される家庭洗濯のための情報は、クリーニング業者の参考にもなる、としています。

ウ　付記用語に関して

付記用語は決められた表示では伝えきれない情報を提供するものです。主に衣料の品質面のデメリット（劣化、変退色、収縮、色泣き、毛玉の発生など）が述べられていますから、クリーニング処理の方法、お客様対応などに活用してください。

Q11 海外製品に関して注意することを教えてください

A 海外製品は、海外で直接購入したり、インターネットで購入される機会も多く、クリーニングに出される品物の中には外国の表示しか付いていない衣料品も増加しています。海外製品に関しては連絡先がないこと、連絡先があっても現実には連絡がほとんど不可能なことを前提としなければなりません。クリーニングで事故を起こした場合、その解決が厄介なことになります。事故を起こさないようにするには、事前の検品と懸念のある場合はお客様との確認が必要になります。一方で表示内容をよく理解することが必要です。

また、1つの商品にJISによる表示と外国の表示など複数の表示が付けられている場合は、基本的にJISの表示を優先します。

〈海外製品の組成表示〉

組成表示に関して、ヨーロッパ製品では繊維名が各国語で羅列されているケースがあります。まず、英語表記を読み取ると理解が早くなります。

図Ⅱ－4は海外製品に付いていた組成表示の1例です。海外（ヨーロッパ）の各国の言葉が並んでいます。取りあえず、英語の表示を日本の表示にすると左図のようになります。基本的な繊維名の英語は覚えておくと便利です。

```
TESSUTO-CLOTH-STOFF
TISSU-TEJIDO-TECIDO

62% COTONE-COTTON
    BAUMWOLLE
    COTON-ALGODON
    ALGODAO
38% POLIURETANO
    POLYURETHANE
    POLYURETHAN
    POLIURETANICA

FODERA-LINING-FUTTER
DOUBLURE-FORRO

64% ACETATO-ACETATE
    ACETAT
36% CUPRO-RAYON
```

（ヨーロッパの表示）

```
      CLOTH
62% COTTON
38% POLYURETHANE

      LINING
64% ACETATE
36% CUPRO
```

（英語の表示）

表地	綿	62%
	ポリウレタン	38%
裏地	アセテート	64%
	キュプラ	36%

（日本語の表示）

図Ⅱ－4 海外製品の組成表示例
イタリアのコート
（ウレタンコーティング生地使用）

海外製品のクリーニングは事前の検品やお客様との確認が必須!

基本的な繊維名の英語を覚えると便利です

第5章　消費者保護に関する取組みと法規

Q12　消費者保護に関係する法律はどのようなものがありますか？

A　主に、消費者基本法、消費者安全法、特定商取引に関する法律（特定商取引法）があります。

・消費者基本法では、消費者と事業者の間にある様々な格差（情報の量や質、交渉力など）を踏まえた上で、消費者の基本的な権利を定め、その権利の実現のために、国、地方公共団体及び事業者に責務があることを明らかにしています。

　具体的には、①国と地方公共団体には消費者政策を推進する責務があること、②事業者には安全な商品やサービスを提供すること、公正な取引であること、必要な情報を分かりやすく提供すること、消費者からの苦情には適切に対処する責務などがあることを定めています。

・消費者安全法では、①消費生活センターの設置や消費生活相談員の資格制度、②人身事故や取引被害などの被害情報について国民に速やかに情報提供すること、③事業者に対する行政措置を取ること、などで被害の拡大を防ぐことを定めています。

・特定商取引に関する法律（特定商取引法）では、事業者による違法・悪質な勧誘行為等を防止し、消費者の利益を守ることを目的とし、訪問販売、通信販売、電話勧誘販売などの消費者トラブルを生じやすい取引を対象に、事業者が守るべきルールと、クーリング・オフ等の消費者を保護するルールを定めています。

　このうち、クリーニング業では、主にインターネットによるクリーニングの注文受付が「通信販売」として関係してきますが、これらを用いて広告表示をする場合は、代金や送料、クリーニング業者の名称、住所、電話番号などの表示すべき項目が定められており、誇大広告等も禁止されています。

　これは、消費者はこれらの広告表示以外に情報を得る手段がないため、具体的で分かりやすい表示を心がけることで、消費者とのトラブルを未然に防止することができることを周知徹底していきましょう。

Q13　消費生活センターとはどのような組織で何を行っていますか？

A　消費生活センターは、消費者安全法に基づいて、地方公共団体に設置されている組織で、消費者センター、消費生活相談窓口などの名称の場合もあります。

　同センターでは、国家資格である消費生活相談員及びそれに準じた専門知識・技術を持った相談員が、地方公共団体の住民サービスとして消費生活に関する各種相談を受け付けています。

相談者

相談員

相談者に助言や情報提供を行います

インターネットでの
クリーニング注文受付が
通信販売として
関係します

広告表示は
表示すべき項目が
定められています

Q14 消費生活センターの消費生活相談員から問い合わせがあった場合、どのように対応するべきですか？

A 消費相談内容によっては、消費生活センター等の消費生活相談員から、相談者の相手方のクリーニング事業者に対して連絡が入り話し合い（斡旋）をするケースがありますが、消費生活相談員は公平中立な立場で話し合いをあっせんしますので、消費生活センターからの連絡、各種協力の依頼（消費者からの苦情に関する内部調査や事実確認等）があった場合は真摯に対応するよう、ご理解・ご協力をお願いします。

訪問販売

通信販売

電話勧誘販売

Q15　業務従事者がお客様に対応する際の注意点を教えて下さい

A　洗濯の受取り時や引き渡し時における具体的な注意点については、クリーニング師テキストの記載を参考に対応するとともに、丁寧かつ消費者（お客様）に合わせた分かりやすい説明をすることが基本です。

　また、消費者（お客様）が何に困っているのか、どのような不満を持っているのかなどを丁寧に聴き取り、真摯に受け止める姿勢が重要となり、その上で必要な説明を行ったり、事業者としての対応を検討することになりますが、その際、消費者（お客様）からの申し出内容は、詳細に記録し、事業者内部で情報共有しておくことも重要です。

Q16　お客様の対応で業務従事者が困った場合の相談先があれば教えて下さい

A　消費者（お客様）の対応に際して、事業者が困った場合の相談先については、特にないため、基本的には事業者内部において、困った場合のルールや対応方針などを予め定めておくことが大切です。

　その上で、事業者の責任を越えるような不当な要求や対応が困難な事例については、謝絶する姿勢も必要となってきますが、そのような場合には、必要に応じて法テラス（日本司法支援センター）や地方公共団体の無料法律相談等を活用することも検討しましょう。

洗濯物の処理

Part 3

第1章
クリーニングの種類　　　　　　73

第2章
ランドリー　　　　　　76

第3章
ドライクリーニング　　　　　　78

第4章
ウエットクリーニング　　　　　　81

第5章
特殊クリーニング　　　　　　83

第6章
溶剤と洗剤　　　　　　87

POINT

　2019年に始まった新型コロナウイルス感染症（COVID-19）の世界的な感染拡大により、社会的にも公衆衛生に関する関心は高まっています。洗濯による処理は衣類を衛生的に保つための最も基本的かつ効果的な方法です。業務従事者も、本編を理解することが求められています。

　第1章　「クリーニングの種類」
　クリーニングの方法を概観します。

　第2章　「ランドリー」
　水に対する耐久性のある衣料品を、石けん、洗剤、アルカリ剤などを用いて洗濯機で温水洗いするクリーニングの方法を学びます。

　第3章　「ドライクリーニング」
　ドライクリーニングの原理と工程、ランドリーとの違い、引火性溶剤使用工場の立地規制などの注意点について解説しています。

　第4章　「ウエットクリーニング」
　JIS L 0001におけるウエットクリーニングの定義、対象品等について解説しています。

　第5章　「特殊クリーニング」
　毛皮、皮革、和服及びカーペットのクリーニング方法、受取り時の注意点、保管方法について解説しています。

　第6章　「溶剤と洗剤、クリーニング機械」
　ランドリー用水の条件とドライクリーニング溶剤の特性について学びます。石油系溶剤残留物に起因する皮膚障害「化学やけど」について事例をあげて解説しています。

第1章　クリーニングの種類

Q1　クリーニングの種類とは？

A　クリーニング業とは、「溶剤又は洗剤を使用して、衣類その他の繊維製品又は皮革製品を原型のまま洗たくすることを営業とすること」（クリーニング業法）とされています。原型のままの洗濯には、次のような種類（方法）があります。

（1）シミ抜き
究極の洗濯は、原型を崩さずに、汚れやシミだけを取り除くことです（Q2参照）。

（2）ランドリー
温水を使うクリーニングをランドリー（Q4参照）といいます。

（3）ドライクリーニング
ドライとは、「乾燥する」という意味で、転じて「湿っていない」「水分が少ない」「水分がない」ことを意味します。すなわち、ドライクリーニング（Q7〜9参照）というのは、水をほとんど使わないクリーニングであり、水でない「溶剤」を使います。

（4）ウエットクリーニング
一般的に、ドライクリーニングでは水溶性の汚れやシミが除去されにくいです。従来は、こうしたドライクリーニングの欠点を補完するための水洗いをウエットクリーニングとしていましたが、2016（平成28）年12月1日から適用されているISOに整合化したJIS L 0001において、ウエットクリーニングを「特殊な技術を用いた業者による繊維製品の水洗い処理」と定義し、処理の可否を示すための表示記号が規定さ

れています。（Q12参照）

（5）その他の特殊クリーニング
以上のほかに、毛皮専用のクリーニング、皮革クリーニング、和服クリーニング、カーペットクリーニングなどがあります（Q13〜15参照）。

（6）消毒を要する洗濯物のクリーニング
クリーニング業法施行規則により、消毒を要する洗濯物を「指定洗濯物」として規定ています。

※指定洗濯物についてはPart Ⅰ衛生法規及び公衆衛生Q7（7ページ）を参照してください。

Q2　シミ抜きとは？

A　原型を崩さず、品物を傷めずに、汚れやシミだけをとり除くという作業は、それほど簡単ではありません。生地の素材や染色とシミの種類、特徴が分かっていないと、生地を傷める結果になります。
生地については、後出の「繊維及び繊維製品」で解説されています。ここでは、汚れやシミについて説明します。

シミ抜き薬剤

 （右余白縦書き）洗濯物の処理

（1）汚れやシミの種類

ア　水溶性汚れ（水に溶ける汚れ）

　　汗、尿、果汁、アルコール、たんぱく質、アンモニア、糖類、デンプン、塩など

イ　油性汚れ（溶剤に溶ける汚れ）

　　油脂、皮脂、機械油、化粧品、脂肪酸、鉱物油、ペンキ、グリース、タールなど

ウ　不溶性汚れ（水にも溶剤にも溶けない汚れ、固形汚れ）

　　ススやホコリ、泥、粘土、セメント、金属粉、墨汁、細菌、カビなど

エ　特殊な汚れ

　　色素、サビなど

（2）シミの見分け方

ア　油性のシミ

　　一般に生地が透けて見え、柔らかい手ざわり。シミの周囲の輪郭は、はっきりしていないものが多い。

イ　水溶性のシミ

　　霧吹きで霧をかけると、生地よりもシミのほうが水分を早く吸収する。シミの周囲の輪郭は、比較的はっきりしているものが多い。

ウ　不溶性のシミ

　　ルーペなどで拡大すると粒子状に見える物質。

（3）シミ抜きの手順

　シミ抜きは、まず、①油性のシミを処理し、次に②水溶性、③不溶性の順に処理を行うのが基本です。

Q3　家庭洗濯との違いとは？

A　商業クリーニングには、種類がいくつかありますが、そのうちのランドリーが家庭洗濯とよく対比されます。家庭洗濯とランドリーは、水を使用する点では同じです。

　両者の大きな違いは、次のとおりです（表Ⅲ－1参照）。

（1）水温

　日本の家庭では、通常水道水が使われ、水の温度は夏場でも30℃程度です。

　一方、ランドリーは、40℃から70℃の温湯が使用されます。

（2）洗浄方法

　パルセーター式（水平方向に回転）の家庭洗濯機では上層と下層とで加わる力にム

表Ⅲ－1　家庭洗濯とランドリーの違い

	水温	洗浄方法	洗濯容量
家庭洗濯	約30℃以下	パルセーター式など	約4～12kg
ランドリー	約40～70℃	ドラム式	約10～30kg

表Ⅲ－2　洗濯方法と汚れ落としの効果

	水溶性汚れ	油性汚れ	不溶性汚れ	特殊な汚れ
家庭洗濯	◎	△	△	×
ランドリー	◎	○	○	×
ドライクリーニング	△	◎	○	×
ウエットクリーニング・手洗い	◎	△	△～×	×

◎:効果は大きい　　○:効果は良好　　△:効果はやや小さい　　×:効果はほとんどない

ラがあるのに対して、商業ランドリー洗濯機のドラム式では満遍なく比較的均一な洗い上がりができます。

（3）洗濯機の大きさ
　一般的には商業ランドリーの洗濯機のほうが大きく、機械力は勝っています。

（4）仕上げ
　根本的に家庭洗濯と商業クリーニングに技術の差が出るのは仕上げです。
　家庭で洗濯はできても、仕上げができないことがよく見られます。
〔解説〕
　洗濯方法と汚れ落としの効果を比べると、おおよそ表Ⅲ-2のようになります。

洗濯物の処理

シミ抜き工程例（一部）

シミ抜き剤を含ませる

シミ抜き剤をなじませる

超音波シミ抜き機で丁寧にシミを落とす

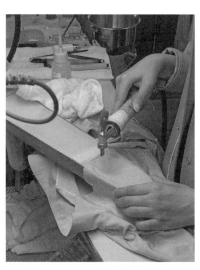
スチームガンによるエアーの吹き付け

第2章　ランドリー

　ランドリーとは、ワイシャツやシーツなど、水に対する耐久性のある衣料品を、石けん、洗剤、アルカリ剤、漂白剤などを用いてドラム式洗濯機で温水洗いする洗濯方法をいいます。

洗浄前の付属品の保護

Q4　ランドリーの工程とは？

A　ランドリーは、おおよそ次のような工程で処理します。

表Ⅲ−3　ランドリーの工程

標準的な工程	主な目的
検品	ポケット内の忘れ物やゴミの取出し、デリケートなボタンの取外し、弱っている箇所の保護など、洗う前の品物の検査、段取りをする。
分類	衣料品は、洗剤や温度に対する耐久性が異なるので、最適な洗濯条件で処理するために、品名別、色別などに分類する。
予洗〔よせん〕	洗濯機の最初の工程では、熱をかけると落ちにくくなるような汚れを、あらかじめ常温ないしはぬるま湯で落としておく。
本洗い〔ほんあらい〕	温水に洗剤、アルカリ剤、漂白剤などを添加して、汚れやシミを除去するとともに、白さや色の冴えを保つ。殺菌効果も大きい。
すすぎ	汚れや洗剤類を除去する。
仕上げ（糊付け）	生地にハリ、光沢、滑らかさなどを与える。また、汚れの浸透を防ぎ、落としやすくする。
脱水、乾燥	洗濯機での最終工程で、余分な水を除き、仕上げの効率をよくする。
仕上げ	アイロンや立体仕上機で形を整える。乾燥とともに殺菌作用も果たす。

〔解説〕
　洗濯方式の例

表Ⅲ−4　高温洗濯方式（綿）の例

工　　程	水位（水量）	温度（℃）	時間（分）	添加剤
本洗い1	中	40	5	洗剤、アルカリ剤
〃　2	中	70	15	洗剤、アルカリ剤、漂白剤
すすぎ1	高	60	5	―
〃　2	高	常温	3	―
〃　3	高	常温	3	―
仕上げ	低	40	10	糊剤、柔軟剤
脱　水	―	―	10	―

表Ⅲ−5　染色物の洗濯方式の例

工　　程	水位（水量）	温度（℃）	時間（分）	添加剤
洗　い	中	50	10	洗剤
すすぎ1	高	40	5	―
〃　2	高	常温	3	―
〃　3	高	常温	3	―
仕上げ	低	40	10	糊剤、柔軟剤
脱　水	―	―	5	―

Q5　仕上げとは？

A　仕上げは、アイロン、プレス機、シーツロール機などで行います。繊維により仕上げ条件が異なります。アイロンは、家庭用のものより重く、シワがしっかりと伸び、生地のハリやツヤにも違いが出ます。

　各繊維素材に対応するJISアイロン表示記号上限温度を表Ⅲ－6に示しました。

Q6　リネンサプライとは？

A　リネンとは、本来「亜麻」という繊維を指します。サプライとは「供給する」という意味です。したがって、「リネンサプライ」を直訳すると「麻の布を供給すること」になります。すなわち、リネンをクリーニングサービス付きで繰り返しお客様にお貸しすることをリネンサプライといいます。主に、ホテル、旅館、レストランなど法人を対象にした業務です。今のリネンサプライ業では、主に綿、ポリエステル、または混紡のシーツ・タオル類、クロス・ナプキンなどを「リネン」と呼び、浴衣やガウンなども取扱い対象品になっています。

　リネンサプライによる洗濯処理はランドリー方式ですが、通常のランドリーに比べて大量に処理するため、多くは連続洗濯システムで処理されています。

アイロン仕上げ

リネン用ふとんカバーの仕上げ

表Ⅲ－6　各繊維素材に対応するJISアイロン表示記号の上限温度

繊維名	JIS L 0001	上限温度℃	JIS L 0217	上限温度℃
綿・麻	（アイロン・点3つ）	200	（アイロン・高）	210
毛 絹 レーヨン ポリエステル ナイロン アセテート	（アイロン・点2つ）	150	（アイロン・中）	160
ポリウレタン アクリル	（アイロン・点1つ）	110	（アイロン・低）	120
ポリ塩化ビニル	（アイロン×印）		（アイロン×印）	

第3章　ドライクリーニング

Q7　ドライクリーニングの原理とは？

A　ドライクリーニングは、水洗いすると縮んだり、形くずれしたり、色が落ちたりするような衣料品を、水の代わりに有機溶剤を用いて衣料品への影響を抑えた洗浄方法です。

　ドライクリーニングする洗濯物の多くは「外衣」で、外衣に付く汚れは、空気中のススやホコリが主です。そのススやホコリは身体から分泌される皮脂や、排ガスに含まれる油分などで洗濯物に粘着していて、油分と一緒になったススやホコリは、普通に払っても取れない状態になります。しかし、汚れた洗濯物をドライ溶剤に浸すと、その粘着油分を溶解します。油分が溶けてしまえば、あとのススやホコリなどは、機械作用によって除去することができます。これが、ドライクリーニングの原理です。

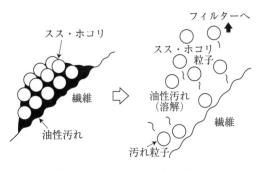

図Ⅲ-1　洗浄前と洗浄中

石油系ドライクリーニング洗浄機

Q8　ドライクリーニングの工程とは？

A　ドライクリーニングは、おおよそ次のような工程で行われます。

（1）洗浄前の点検とポケット検査

　デリケートなボタンや付属品は、アルミホイルやカバーでくるんだり、場合によっては取り外します。弱っていたり、ほつれている箇所も拡大しないように注意します。

　また、ポケット検査は、ポケット内の忘れ物の確認や隠れたゴミを取り除くために行います。万一、ポケット内にボールペンや口紅が入ったままクリーニングすると洗濯物を汚すおそれがあり、ライターが入っていると、石油系溶剤を使用している工場では爆発火災の危険があります。

（2）分類

　洗濯物に最適なクリーニング処理をするために、丈夫なものとデリケートなものとは分類し、色が濃い品物と淡い品物も区分します。

（3）洗浄

　洗浄は、ドライクリーニング溶剤にドライソープを添加して洗います。

　ドライクリーニング機は、溶剤特性の差によって通常それぞれの溶剤専用になって

おり、環境保全のための装置、機能が付加されています。ドライクリーニング機は大きく分類すると2種類になり、一つは洗浄から脱液、乾燥まで同一の槽内で連続して処理するホットタイプ、もう一つは洗浄から脱液までしか行わないコールドタイプです。コールドタイプは乾燥機が別に必要となり、石油系溶剤でのみ使用されています。テトラクロロエチレンとフッ素系溶剤及び石油系溶剤の一部でホットタイプが使用されています。

（4）脱液、乾燥

洗浄後、洗濯物からドライクリーニング溶剤を取り除く工程です。

乾燥方法は、タンブル乾燥、ボックス乾燥などがあります。

（5）仕上げ

人体型仕上げ機や各種プレス機で、衣料品の形を整えます。

人体仕上げ機

は、汚れた溶剤をフィルターに通したり、蒸留器という装置で汚れを取り除き、次回の洗いに使用するので、ほとんど捨てることがありません。蒸留器は、汚れた溶剤に熱を加えて溶剤を気化させ、気化したガスを冷却することで汚れを取り除き、きれいな溶剤だけを回収します。

Q9　汚れた溶剤は？

A　ランドリーでは、汚れた水やお湯を排水して捨てますが、ドライクリーニングで

Q10　ランドリーとの違いは？

A　ドライクリーニングとランドリーを比較すると、下表のようにまとめられます。

表Ⅲ－7　ドライクリーニングとランドリーの比較

	ドライクリーニング	ランドリー
汚れ落ち	油性汚れは落ちるが、水溶性汚れは落ちにくい	良好
衣類の形くずれ収縮脱色	小さい	大きい
風合い変化	小さい	大きい
対象衣料	ほとんどのもの（樹脂素材は注意が必要）	水系で、高温の強い機械力に耐える素材

ドライクリーニング　スーツ　ワンピース　コートなど

ランドリー　ワイシャツ　シーツ　作業服　など

洗濯物の処理

79

Q11 引火性溶剤使用工場の立地規制とは？

A 建築基準法では、安全性の観点から、引火性溶剤を用いるドライクリーニングを営む工場については、住居系地域や商業系地域における立地（建築）を禁止しています。

ただし、建築基準法の成立以前（1950（昭和25）年以前）に稼働していた工場や、工場建築時には引火性溶剤が制限されていない用途地域であった場合で、その後に引火性溶剤が使用できない用途地域になった工場が多くあります。これらの工場は、「既存不適格建築物」と呼ばれ、建築基準法の規定には違反するものの、一定規模以上の増改築や改修が行われなければ違法でありません。

しかしながら、違反が判明したドライクリーニング工場は、国土交通省が示している引火性溶剤の使用に伴う安全対策措置を講じ、建築基準法第48条の許可を積極的に活用することが望まれます。

また、2010（平成22）年から「クリーニング所における衛生管理要領」に引火性溶剤の取扱いについて追加され、国土交通省が示している引火性溶剤の使用に伴う安全対策措置とともに、その対策を講じることにより安全性が向上していくことが期待されています。

第4章　ウエットクリーニング

Q12　ウエットクリーニングとは？

A　2016（平成28）年12月1日から適用されたISOに整合化したJIS L 0001では、「特殊な技術を用いた業者による繊維製品の水洗い処理」がウエットクリーニングであり、各ウエットクリーニング処理記号には、表Ⅲ－8のとおり試験条件が定められています。

これとは別に、ドライクリーニング対象品で、水溶性汚れが広範囲に付着している製品、ポリ塩化ビニル製品や、耐ドライクリーニング性の無い樹脂を用いたプリント製品のようにドライクリーニングが不可能な製品などは、従来から行われている収縮や風合い変化を極力避けるように工夫した緩やかな水洗いであるウエットクリーニングも必要になります。

なお、ドライクリーニングした後にウエットクリーニングをする場合、排水中に溶剤が混入するため、テトラクロロエチレンを使用している工場は注意を要します。

水溶性の汚れを前処理で除去

ウエットクリーニング洗浄機

洗濯物の処理

表Ⅲ－8　A形基準洗濯機（ドラム式）によるウエットクリーニング試験条件

		Ⓦ	Ⓦ (一本線)	Ⓦ (二本線)
被洗物質量		2.0 kg	2.0 kg	2.0 kg
主洗い	洗剤量／被洗物質量	20 g/kg	6.5g/kg	6.5g/kg
	水量・最高温度	16 L・40℃	26 L・30℃	26 L・30℃
	回転動作（すすぎ時同様）	8秒回転・7秒停止	3秒回転・30秒停止	3秒回転・30秒停止
	洗い時間・排水・脱水	15分・1分・なし	15分・1分・低速1分	5分・1分・低速1分
すすぎ1	水量・時間	14 L・3分	26 L・5分	26 L・5分
	排水・脱水	1分・なし	1分・低速3分	1分・低速3分
すすぎ2	水量・時間	14 L・2分		
	排水	1分	―	
すすぎ3	水量・時間	14 L・2分		
	排水・脱水	1分・低速2分		
乾燥		タンブル乾燥		
	排気設定温度	最高60℃	最高60℃	―
	乾燥時間	60分	6分	
	放置（自然乾燥）	つり干し又は平干し	つり干し又は平干し	つり干し又は平干し

C形基準洗濯機（パルセータ式）によるウエットクリーニング試験条件

		Ⓦ	Ⓦ (一本線)	Ⓦ (二本線)
被洗物質量		2.0 kg	2.0 kg	2.0 kg
主洗い	洗剤量／被洗物質量	20 g/kg	20g/kg	20g/kg
	水量・最高温度	40 L・40℃	54 L・30℃	54 L・30℃
	回転動作（すすぎ時同様）	0.8秒回転・0.6秒停止	1.3秒回転・5.8秒停止	1.3秒回転・5.8秒停止
	洗い時間・脱水	6分・高速3分	6分・低速2分	3分・低速2分
すすぎ1	水量・時間	40 L・2分	54 L・2分	54 L・2分
	脱水	高速3分	低速2分	低速2分
すすぎ2	水量・時間	40 L・2分	54 L・2分	54 L・2分
	脱水	高速3分	低速≦1分	低速≦1分
乾燥		タンブル乾燥		
	排気設定温度	最高60℃	最高60℃	―
	乾燥時間	60分	6分	
	放置（自然乾燥）	つり干し又は平干し	つり干し又は平干し	つり干し又は平干し

第5章　特殊クリーニング

Q13　毛皮や皮革製品の注意点とは？

A　毛皮や皮革製品は、ランドリーやドライクリーニングとは異なった特殊クリーニング方法で洗うことができます。

〔解説〕

（1）毛皮のクリーニング

ア　毛皮の性質と受取り時の注意事項

　毛皮は、繊維製品と比べて均質性を得るのが難しい材料です。一匹一匹全く同じものはなく、1枚の毛皮について見ると、腹の部分と背中の部分では毛の長さ、密度、色合いが異なっています。また、ミンクのロングコートは40〜50匹も使用してつくられています。

　毛皮の特徴としては、高温、高湿度に弱いことと虫が付きやすいことが挙げられます。

《受取り時の注意事項》

- 着用による毛先のスリ切れ、脱毛、破れはないか
- 変色はないか
- 淡色、白色の毛皮の黄変はないか
- 収縮はないか
- 固くなっていないか
- 焼けこげはないか
- 縫い目の破れはないか
- 虫食いはないか
- においはないか
- 目玉、爪、歯、耳、足、留金、付属品に損傷がないか
- カビが発生していないか

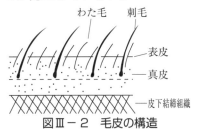

図Ⅲ－2　毛皮の構造

イ　毛皮クリーニングの工程（例）

　毛皮は、脱脂されるのでドライクリーニングは避けて、パウダークリーニングを行います。主にコーンパウダー（トウモロコシの芯の粉）を使用し、毛皮用洗剤と加脂栄養剤を含ませて回転ドラムでタンブルし、汚れをパウダーに吸着させて洗います。

　毛皮は熱に弱いので、仕上げは裏地にのみアイロンをかけて、表はブラッシングなどをして毛並みを整えます。

ウ　毛皮の保管

　保管温度は10〜15℃、湿度45〜50％が適しています。

洗濯物の処理

襟の毛皮を外して洗う

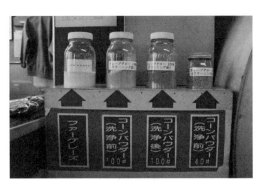

コーンパウダー

虫害は4月中旬～9月末の期間に発生しやすく、この対策として温度を下げたり、防虫剤を使用するとよいでしょう。

（2）皮革のクリーニング
ア　皮革の性質
皮革は、大別すると表皮の銀面と裏皮のスエードとに分けることができ、次の性質があります。
- 熱に弱く高熱を受けると硬化収縮する
- 染色堅ろう度が弱く、クリーニングで脱色しやすい
- 汚れ、シミが深部まで浸透しやすく、落ちにくい
- 水に濡れると柔軟性が変化しやすい
- カビが生えやすい
- 皮質が一定でない

《受取り時の念押しの言葉》
- 色の変化が起きやすい
- シミ、生体時の傷あと、部分色差が起きやすい
- カビ、シミが完全にとれない
- 寸法の変化が起きやすい
- カビが生えやすく、生えると収縮や強度低下を起こしやすい
- 異なった色の皮革の組合せは色泣きしやすい
- スエード類の表面プリント模様は消失しやすい

イ　皮革のクリーニング工程（例）
表Ⅲ－9のとおり。

ムートンの洗浄

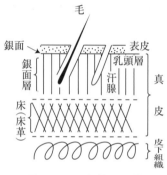

図Ⅲ－3　皮革の組織

ウ　皮革の保管
皮革製品の保管で大切なことはカビを防ぐことです。クリーニングされた品物でも、保管が悪いとカビは生えやすいので、日陰で風通しの良い場所で十分乾燥した後、乾燥剤を入れて涼しいところに保存します。

表Ⅲ－9　皮革のクリーニング工程（例）

工　程	内　　　容
洗浄前検査	カビやシミ、生体時の傷あと、部分色差などがないか十分確認する。
分　類	汚れの状態や色、動物の種類などによって分類する。
前処理	スエードの場合、洗う前にあらかじめシミや汚れの部分に、サンドブラスト（加圧式噴砂機）の小さな穴から微粒子の砂を吹き付けて汚れを削り取る。
洗　浄	ドライクリーニング溶剤をベースにし、皮革用の特殊な洗剤、加脂剤や染料を添加して、なるべく短時間で処理する。
仕上げ	高温により収縮するので、55℃以上の熱をかけないように注意する。 スエードは人体型のプレス機にかけながら、スエード用ブラシで全体をこすって仕上げる。

Q14　和服のクリーニングとは？

A　和服は、日本の伝統的な衣装で、そのクリーニングには次のような方法があります。

（1）生洗い〔いきあらい〕

襟、袖口、裾口、裾、身頃などの汚れを部分的に除去する方法です。溶剤としては、主に石油系溶剤を用います。乾燥は自然乾燥します。

（2）丸洗い

汚れの部分をブラッシングしたのち、石油系溶剤で、着物全体を浸漬して洗う方法です。洗いは、できる限り短時間を基本とし、乾燥は、ハンガーに掛け立体乾燥で40℃以下の低温で行います。

（3）洗い張り

昔から行われてきた着物の手入れ方法です。着物をほどいて、反物状にして水洗いをした後、「湯のし」をして、仕立て直します。

クリーニング業法第2条により、クリーニング業は「原型のまま洗たくすること」とされているため、洗い張りだけでは、クリーニング業の許可は必要ありません。

ただし、着物をほどかず部分的なシミ抜

和服のクリーニング

アイロンをかけ、丁寧にたたむ

きをする場合は、クリーニング業の許可が必要となります。

（4）受取り時の念押し、点検の注意事項

- 金・銀箔などはがれることがある
- 絞りの着物は、絞りが伸びることがある
- 洗う前、気付かなかったシミが、洗った後目立つことがある
- シミの部分は、糸で印を付けるとよい
- 汚れ、シミのひどいもの、寸法の狂ったものは、品物によっては洗い張りするのもよい

特に注意する品物について	
留袖　喪服	金銀の箔落ち、刺しゅう糸のほつれ、比翼の出すぎ、比翼裏の色付き、紋の色出、張紋の場合は別にしておく
訪問着・振袖付下げ・袷	金銀の箔落ち、柄移り、絞りの伸び、色焼け、タタミ焼け、色付き、色出、破れ、刺しゅう糸のほつれ
羽織	紐がついているか、ないかを確かめる
道行	ボタンのスレ、溶けているか、ないかを確かめる
帯	金、銀糸の変色を確かめる

特に注意を要する和服の取扱い注意事項（例）

85

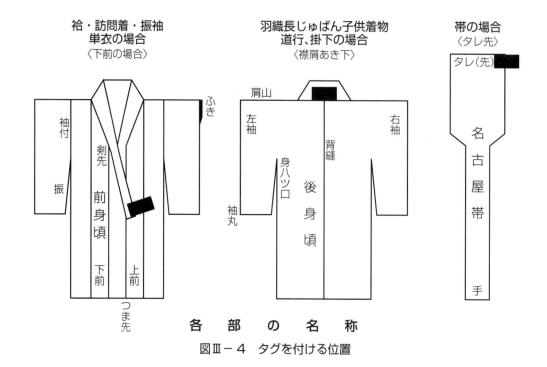

各 部 の 名 称

図Ⅲ-4　タグを付ける位置

・ネーム付けは、ホチキスを使用しないで
針と糸を使用する

Q15　カーペットのクリーニングとは？

A　カーペットのクリーニング方法として
は、水洗い、シャンプー洗い、ドライク
リーニングなどがあります。

（1）水洗い

水洗いは、床に広げて、洗剤水溶液を用
いてブラシ洗いの後、吊り干しにより乾燥
するのが一般的です。洗浄効果は大きいで
すが、脱色や収縮のおそれのあるものには
使用できません。

（2）シャンプー洗い

シャンプー洗いは、基布までを濡らさな
いようにする目的で、パイルに洗剤の泡を
つけて回転ブラシ（ポリッシャー）でブ
ラッシングをし、汚れを吸着した泡をバ
キュームマシンで吸い取る方法です。汚れ
の除去力は不十分ですが、濡らすことが不
可能であったり、取外しが困難な敷きつめ
カーペットの洗浄に用いられます。

（3）ドライクリーニング

ドライクリーニングは、カーペットの本質
としては望ましいクリーニング方法ですが、
ドライワッシャーに入る程度の大きさである
こと、裏ゴム張りが施されていないこと、な
どの条件に合わなくては適用できません。

カーペット洗浄機

第6章　溶剤と洗剤

Q16　ランドリーとドライクリーニングに使われる洗濯資材について教えてください

A　ランドリーもドライクリーニングも、溶剤と洗剤が重要な役割を果たします。洗浄効果を高めるために使用しますが、性質は対照的なところがあります。

溶剤とは、物質を溶かすのに用いられる液体をいいます。クリーニングに使われる溶剤は次のようにまとめられます。

パークドライ機

（1）ランドリー用水の条件

- 無色透明、無味無臭、液性が中性（pH＝5.8〜8.6）であること
- 軟水であること
- 鉄分やマンガンがほとんど含まれていないこと

（2）ドライクリーニング溶剤の特性

溶剤それぞれに特性が異なりますので、洗浄力や風合い効果の差異、乾燥や蒸留の難易、作業のしやすさ（作業時間や安全環境に対する管理）などを考慮して使用溶剤を選択します。

ア　石油系溶剤

- 油脂溶解力が小さく、比重が軽いので、ソフト洗いに適している
- 乾燥に高温と時間を要するため、風合い、生産性で問題にされやすい
- 乾燥不十分による化学やけど（皮膚障害）に注意する

イ　テトラクロロエチレン

- 油脂溶解力が大きく、揮発しやすいので、短時間で洗浄、乾燥ができる
- 樹脂を溶かしやすく、風合いを損なうことがある

洗濯物の処理

まめ知識
テトラクロロエチレン

テトラクロロエチレン（tetrachloroethylene）はドライクリーニングや化学繊維、金属の洗浄などの目的で工業的に生産されている化合物である。別名としてパークロロエチレン、パーク（perc）、PCE、テトラクロロエテン、四塩化エチレン等があるが、化学物質の審査及び製造等の規制に関する法律、特定化学物質の環境への排出量の把握等及び管理の改善に関する法律、水道法、水質汚濁防止法、下水道法、大気汚染防止法、廃棄物の処理及び清掃に関する法律、労働安全衛生法、建築基準法などで、「テトラクロロエチレン」の名称が使用されている。

また、JIS L 0001（61ページ参照）では「パークロロエチレン」が使用されている。

分子式
C_2Cl_4

構造式
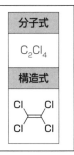

表Ⅲ-10 クリーニングに使う溶剤

クリーニング方法	使用溶剤	使用目的
ランドリー及び ウエットクリーニング	水	汚れ（主に水溶性）を溶解する。 洗剤を溶かして、洗浄効果を高める。
ドライクリーニング	石油系溶剤 テトラクロロエチレン フッ素系溶剤　など	汚れ（主に油性）を溶解する。 洗剤を溶かして、洗浄効果を高める。

Q17　化学やけどとは？

A　石油系溶剤残留に起因する皮膚障害を
いわゆる「化学やけど」といいます。

　化学やけどは、石油系溶剤でドライク
リーニングしたときに乾燥が不十分のま
ま、その衣料品を着用した場合に発生します。

　直接の原因は、石油系溶剤使用の際の乾
燥不十分にほかならないのですが、関連す
る要因としては、乾燥しにくい合成皮革や
複合素材の流行、無理をした即日渡しシス
テム、などが挙げられます。

石油系ドライクリーニング洗浄機

COLUMN
洗剤出荷実績

　2021年の洗剤出荷実績は34,957トンで前年比96.3%減の1,336トンとなった。

表　全項目別総計出荷報告

（単位：トン）

年度	ドライ用				ランドリー用							再販用 合成 洗剤	出荷 総合計
	パーク系	フッ素系	石油系	計	石けん	合成洗剤	液体洗剤	ソフター	粉末漂白剤	合成糊剤	計		
2005 (平成17)	632	34	1,775	2,441	709	18,804	8,555	5,830	1,831	1,782	37,511	3,782	43,734
2010 (平成22)	309	53	1,233	1,595	495	17,394	7,563	5,118	1,574	1,325	33,469	1,831	36,895
2011 (平成23)	275	52	1,155	1,482	417	17,538	7,412	4,955	1,512	1,221	33,055	1,739	36,276
2012 (平成24)	253	47	1,112	1,412	466	18,329	7,833	5,002	1,597	1,231	34,458	1,751	37,621
2013 (平成25)	216	51	1,087	1,354	392	17,660	7,841	4,872	1,522	1,123	33,410	1,614	36,378
2014 (平成26)	186	43	1,044	1,273	370	17,634	7,988	4,877	1,500	1,045	33,414	1,466	36,153
2015 (平成27)	167	51	1,060	1,278	359	18,188	8,678	4,983	1,549	1,082	34,839	1,343	37,460
2016 (平成28)	162	51	1,038	1,251	309	18,573	9,044	5,448	1,498	1,020	35,892	1,254	38,397
2017 (平成29)	139	48	999	1,186	297	18,651	9,649	5,652	1,388	957	36,594	1,204	38,984
2018 (平成30)	129	45	931	1,105	276	18,418	10,375	5,816	1,233	897	37,015	1,060	39,180
2019 (令和1)	124	42	953	1.119	246	19,131	13,099	6,587	1,284	1,089	41,436	850	43,405
2020 (令和2)	101	35	793	929	220	14,679	11,762	5,928	1,107	998	34,694	670	36,293
2021 (令和3)	82	28	737	847	189	13,681	11,752	5,899	1,077	956	33,554	556	34,957

（注）ドライ用のエタン系は各年度とも0.5トン未満
資料：「洗剤等の出荷実績概況」日本クリーニング用洗剤同業会

出典：「洗剤等の出荷実績概況」日本クリーニング用洗剤同業会

（1）石油系溶剤が残留しやすい衣類

- 素材特性や構造上残留しやすいもの：合成皮革、人工皮革、天然皮革、コーティング加工品、透湿性防水加工製品、中わた入り製品、ダウン製品、肩パッド使用製品など
- 物理的作用に弱く乾燥が十分にしづらいもの：アンゴラ・モヘヤなどの高級獣毛製品、アクリル製品など
- たたんだ状態で保管するもの：セーター類

（2）化学やけどの防止方法

　石油系溶剤でドライクリーニングした衣類、とりわけ乾燥しにくい材質の衣類は、十分に乾燥を行うことが必要です。

Q18　有機溶剤の危険性とは？

　A　洗濯物の処理に使用するクリーニング溶剤の取扱い上、特に考慮すべき危険性としては
①引火、火災、爆発を導く引火・発火性
②中毒、職業病に結び付く有害・有毒性
③環境汚染につながる公害性
などがあります。

　洗浄用やシミ抜き用に使われている有機溶剤の危険性を整理してみると、表Ⅲ－11のようになります。

Q19　VOC排出削減の取組とは？

　A　VOC（揮発性有機化合物）は揮発性を有し、大気中で気体となる有機化合物の総称です。光化学オキシダントや微小粒子状物質（PM2.5）の原因物質で、ドライクリーニングに使用する石油系溶剤やテトラクロロエチレンはこのVOCに該当します。大気汚染防止法では、自主的取組により、大気中への排出・飛散の削減努力が求められています。

表Ⅲ－11　主なクリーニング用有機溶剤

用途		溶剤名	引火・可燃性	有毒・有害性	公害性
洗浄用		テトラクロロエチレン	なし	あり：25ppm	水質汚濁ほか
	シミ抜き用	石油系溶剤	あり：40℃＜	少しあり	大気汚染
		アセトン	あり：－10℃	少しあり：500ppm	——
		酢酸イソアミル	あり：27℃	あり：50ppm	——
		ベンジン	あり：－40℃	少しあり	——
		モノクロロベンゼン	あり：29℃	あり：10ppm	——

（注）表のうち、①引火性の欄中の数字は引火点
　　　　　　　　②有毒・有害性の欄中の数字は作業環境測定における管理濃度

まめ知識
水で洗うとなぜ形くずれや収縮、シワを生じやすいのか？（水と水素結合の話）

　水は我々にとって非常になじみの深い物質で、古代から衣類の汚れを取り除く液体として使用されてきた。水は水素原子（H）2つと酸素原子（O）1つからなるH_2Oという分子で、模式的にみると折れ線の形をしている。ここで、酸素原子は少しだけマイナスに、水素原子は少しだけプラスに帯電していて、水分子は立体的に電荷のかたよりがある。これを「極性」とよび、水分子同士のお互いのプラス側とマイナス側で引き合う力が働く。これを「水素結合」と呼ぶ。

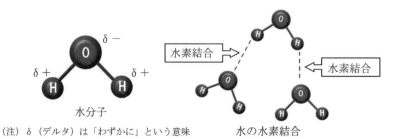

水分子

（注）δ（デルタ）は「わずかに」という意味　　　　水の水素結合

　水素結合は、水だけでなく繊維の分子にも働いている。綿やレーヨンなどのセルロース繊維を例に挙げると、分子に多くの水酸基（－OH）があり、水と同じように繊維の分子間で水素結合をつくっている。セルロース繊維が水に濡れると、繊維の水酸基（－OH）と水分子で水素結合をつくり、繊維間でつくっていた水素結合を切ってしまうため、形態変化を起こしやすくなる。衣類が水に濡れることで形くずれや収縮、シワを生じやすくなるのは困るが、アイロンをかけるときに霧吹きや蒸気を使用するとシワが伸びやすくなるのも、同じようにこの現象を利用している。ここでは水酸基（－OH）を例にしたが、繊維によっては、違う形の水素結合もある。

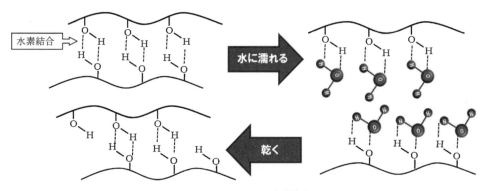

セルロースの水素結合
（注）セルロースの主鎖などはモデル的に表現

　また、ドライクリーニング溶剤は水のような電気的なかたより（極性）が小さい場合が多く、繊維の間の水素結合を切ることがないため、衣類の収縮やシワなどを抑えながら、強い機械力で洗うことができる。

繊維及び繊維製品

Part 4

第1章
繊維素材の基礎知識 93

第2章
衣料品生産の基礎知識 106

第3章
染色加工の基礎知識 111

第4章
副資材の基礎知識 116

第5章
繊維についてのQ＆A 121

　本編ではクリーニングとして取り扱う対象の「繊維製品」のうち衣料品を中心に学びます。衣料品は産業界ではアパレル製品と呼ばれる事が多く、衣料品を企画、生産、販売する業界をアパレル業界と呼んでいます。他に、衣料、被服、衣類などと呼ばれますが、この章では衣料品と呼びます。衣料品は自己表現の手段でもあるため、ファッション性や感性を重視した商品群と、より日常生活で頻繁に着用する事に重きをおいた商品群があります。そのため、一見同じ用途で使われるように説明されて販売される衣料品であっても、メーカーや消費者により価値観が異なる事があります。

　しかし、衣料品をクリーニングするために必要な基本的知識は共通で、衣料品を構成する繊維や繊維が衣料品の形になる過程に関する知識の習得が重要です。

　第1章　「繊維素材の基礎知識」　歴史の古い天然繊維や科学の発展とともに発明、開発された化学繊維の特徴を学びます。衣料品を構成する生地は繊維によって構成されているため、使われた繊維の特徴が生地の特徴となります。衣料品を取り扱う際に、用いられた繊維の特徴を知らずに取り扱うことは、クリーニングしようとする衣料品にとって適切な処理を行えず事故の元となります。衣料品に用いられる繊維は様々な種類があり、その特徴は多種多様です。

　第2章　「衣料品生産の基礎知識」　衣料品の生産工程の基礎を学びます。衣料品は分業により多くの人の手を経て生産されます。第1章で学んだ繊維を用いて、糸が作られ、生地という衣料品の材料をつくります。そして、材料が縫製などで組立てられ衣料品が出来、販売に向けた準備がされます。繊維の特徴が出来上がった衣料品に反映されると同様に糸や生地の特徴が衣料品の特徴になります。

　第3章　「染色加工の基礎知識」　衣料品の変色トラブルと関係の深い染色加工について学びます。衣料品の殆どは染料や顔料で色がつけられています。衣料品は、形はもとより、色が変わることで衣料品の価値は著しく下がります。染色に用いられる染料や顔料はクリーニングの影響を受けやすいものが多く、そのため、染色加工に関する基本的な知識もクリーニングを知っておく必要があります。

　第4章　「副資材の基礎知識」　裏地や芯地などの目立たないところで衣料品の出来栄えを支えるものや着脱に必要なパーツについて学びます。特にボタンはさまざまな素材のものがあり、メーカーはこだわりをもってつけていることがあるため十分注意が必要です。

　第5章　「繊維についてのQ＆A」　繊維に関する諸事項についてQ＆A形式で学びます。

第1章　繊維素材の基礎知識

衣料品の生地に使われる素材「繊維」は表Ⅳ-1に示したように天然繊維（植物繊維・動物繊維）と化学繊維（再生繊維・半合成繊維・合成繊維・無機繊維）に大別されます。その他羽毛製品などを含めてクリーニングではそれぞれの長所、短所をよく理解して取り扱うことが必要です。

表Ⅳ-1は、家庭用品品質表示法による分類と表示名(表示法による指定用語)を一覧としたものです。

表Ⅳ-2は、主な繊維のクリーニング性をまとめたもので、「○」は処理できる、「△」は処理に注意を要する、「×」は処理できません。ドライクリーニングは全て可能な処理になります。

表Ⅳ-3は、一般社団法人日本アパレル・ファッション産業協会が衣料品の標準的な考え方を示した「取扱い注意表示ガイド」の専用的注意事項の中から、上記素材の「ケア表示（ですます調）」を抜粋したものです。

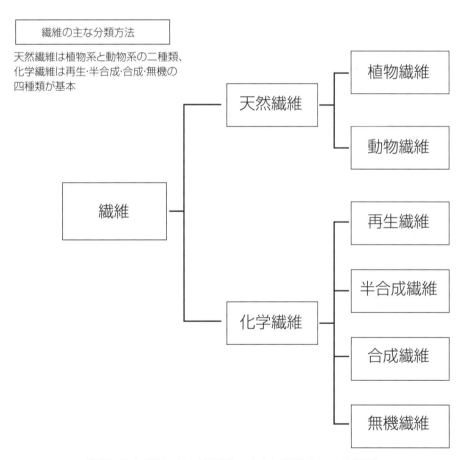

繊維の主な分類方法

天然繊維は植物系と動物系の二種類、化学繊維は再生・半合成・合成・無機の四種類が基本

繊維 ─ 天然繊維 ─ 植物繊維
　　　　　　　　 ─ 動物繊維
　　 ─ 化学繊維 ─ 再生繊維
　　　　　　　　 ─ 半合成繊維
　　　　　　　　 ─ 合成繊維
　　　　　　　　 ─ 無機繊維

繊維の主な分類方法（衣料品を中心に考えたときの分類）

ゴシック表記は「家庭用品品質表示法」による指定用語

分類	繊維の種類		指定用語（表示名）
植物繊維	綿		**綿・コットン・COTTON**
	麻	亜麻	**麻・亜麻・リネン**
		苧麻	**麻・苧麻・ラミー**
	その他の植物繊維		**植物繊維（〇〇）** ＊（ ）内は繊維の名称を示す用語又は商標名（1種類に限る）
動物繊維	毛	羊毛	**毛・羊毛・ウール・WOOL**
		モヘヤ	**毛・モヘヤ**
		アルパカ	**毛・アルパカ**
		らくだ	**毛・らくだ・キャメル**
		カシミヤ	**毛・カシミヤ**
		アンゴラ	**毛・アンゴラ**
		その他のもの	**毛・毛（〇〇）** ＊（ ）内は繊維の名称を示す用語又は商標名（1種類に限る）
	絹		**絹・シルク・SILK**
	上記以外の動物繊維		**動物繊維（〇〇）** ＊（ ）内は繊維の名称を示す用語又は商標名（1種類に限る）
再生繊維	ビスコース繊維	平均重合度が450以上のもの	**レーヨン・RAYON・ポリノジック**
		その他のもの	**レーヨン・RAYON**
	銅アンモニア繊維		**キュプラ**
	上記以外の再生繊維		**再生繊維（〇〇）** ＊（ ）内は繊維の名称を示す用語又は商標名（1種類に限る）
半合成繊維	アセテート繊維	水酸基の92%以上が酢酸化されているもの	**アセテート・ACETATE・トリアセテート**
		その他のもの	**アセテート・ACETATE**
	上記以外の半合成繊維		**半合成繊維（〇〇）** ＊（ ）内は繊維の名称を示す用語又は商標名（1種類に限る）
合成繊維	ナイロン繊維		**ナイロン・NAILON**
	ポリエステル系合成繊維		**ポリエステル・POLYESTER**
	ポリウレタン系合成繊維		**ポリウレタン**
	ポリエチレン系合成繊維		**ポリエチレン**
	ビニロン繊維		**ビニロン**
	ポリ塩化ビニリデン系合成繊維		**ビリニデン**
	ポリ塩化ビニル系合成繊維		**ポリ塩化ビニル**
	ポリアクリルニトリル系合成繊維	アクリルニトリルの質量割合が85%以上のもの	**アクリル**
		その他のもの	**アクリル系⇒モダクリル** ＊アクリル系は法改正により**モダクリル**に変更された、令和4年1月1日告示
	ポリプロピレン系合成繊維		**ポリプロピレン**
	ポリ乳酸繊維		**ポリ乳酸**
	アラミド繊維		**アラミド**
	上記以外の合成繊維		**合成繊維（〇〇）** ＊（ ）内は〇〇繊維の名称を示す用語又は商標名（1種類に限る）
無機繊維	ガラス繊維		**ガラス繊維**
	金属繊維		**金属繊維**
	炭素繊維		**炭素繊維**
	上記以外の無機繊維		**無機繊維（〇〇）** ＊（ ）内は〇〇繊維の名称を示す用語又は商標名（1種類に限る）
羽毛	ダウン		**ダウン**
	その他のもの		**フェザー・その他の羽毛**
分類外繊維	上記各項目に掲げる繊維等以外の繊維		**分類外繊維（〇〇）** ＊（ ）内は〇〇繊維の名称を示す用語又は商標名（1種類に限る）

備考：左欄の分類が明らかで、かつ種類が不明である繊維については、その繊維の名称を
　　　示す用語又は商標を省略することができる。

複合繊維	性質の異なる二種類以上のポリマーを口金で複合した繊維	※全てのポリマー名が指定用語に該当する場合は指定用語のみで表示。この場合は複合繊維（商標）は使用できない。 ※上記以外の場合、複合繊維（商標）又は複合繊維（ポリマー名／ポリマー名又は指定用語）で表示。 ※大きい順に3種類書くことができる。順序は任意。少なくとも1種類は書くこと。 ※商標またはポリマー名を（ ）で括る。

主な繊維の種類			クリーニング性			クリーニングでの主な注意点
			ドライ	ウエット	ランドリー	
天然繊維	植物繊維	綿・麻	○	○	○	水で収縮しやすい
	動物繊維	絹	○	△	×	水で収縮、毛羽立ち、摩擦に弱い
		毛	○	△	×	水で収縮、毛羽立ち、摩擦に弱い
化学繊維	再生繊維	レーヨン	○	△	×	水で艶・光沢変化、シワ、収縮、強度低下
	半合成繊維	アセテート	○	△	×	水で艶・光沢変化、シワ
	合成繊維	ナイロン	○	○	△	熱により変形
		ポリエステル	○	○	○	ドライ、ランドリーとも逆汚染しやすい
		アクリル	○	○	×	熱収縮により風合い変化（硬化）

表Ⅳ-3　専用的に使用される注意表示

キーワード		ケア表示（紋切り型）
麻製品	1	この素材はしわになりやすい性質あり。
	2	濃色品は摩擦や汗による色移りに注意すること。
	3	着用による摩擦やドライクリーニング・洗濯などの繰り返しで白化、毛羽立ち、部分的な脱色が起こることあり。
絹製品		洗濯やシミ抜きは必ずクリーニング店に出すこと。
絹製品・ウォッシャブルシルク	1	着用や洗濯の際「すれ」や摩擦による毛羽立ち・白化に注意すること。
	2	最初から毛羽立たせた素材は毛羽の脱落による色変化に注意すること。
	3	化粧品や汗、水などによる色落ち・きわじみに注意すること。
	4	色あせや変色することあり。光の当たらない場所に保管すること。
ウォッシャブルシルク		洗濯は中性洗剤を使用し単品で軽く押し洗いすること。
獣毛混、甘撚り、起毛	1	本品は特有のソフトでなめらかな風合いが特徴。表面の毛羽が他の物に付着することあり。
	2	連日着用は避けること。
	3	繊維がからみついた際はブラシなどでほぐすこと。
	4	毛玉は、毛玉取り器またはハサミで丁寧にカットすること。
アセテート、トリアセテート	1	濃色品は石油ストーブの燃焼ガスや車の排気ガスで変色することあり。
	2	石油ストーブを長時間使用する部屋や車の排気ガスのたまりやすい場所に保管しないこと。
	3	湿気が少なく通気のよい場所に保管すること。
レーヨン・キュプラ	1	着用や洗濯の摩擦により毛羽立ちが発生したり色が白っぽく見えることあり。
	2	濃色品は摩擦や汗による色移りに注意すること。
	3	雨や水などに濡れるとシミのような跡が残ることあり。全体に霧を吹きアイロンで修正可能。

出典：「取扱い注意表示ガイド」（2005（平成17）年3月）一般社団法人日本アパレル・ファッション産業協会
（注）絹製品とウォッシャブルシルクは異なるキーワードで整理されているが、共通の表示を「絹製品・ウォッシャブルシルク」としてまとめた。

繊維及び繊維製品

1. 天然繊維

　人間は生きるために、自然界に存在する植物、動物と長い歴史の中で共存しながら利用し、また改良して大いに暮らしに役立ててきました。繊維製品の原料として古くからかかわりのあるのは、天然繊維の植物繊維と動物繊維です。

（1）植物繊維
ア　綿

　種子に生えて花のように見えたことから綿花といわれるわた毛で、麻や羊毛より短い繊維です。繊維の長さによって短繊維、中繊維、長繊維、超長繊維に分けられます。シーアイランド綿（海島綿）、エジプト綿を代表とする超長繊維や長繊維の綿のように長く、細いほど高級綿とされ、しなやかで、光沢があり、美しい布地ができま

綿のスラックス
両脇ポケット口、両太腿周辺など様々な部分が変色しています。写真は右前ポケット口

す。短繊維綿は太い糸しかできないためシーツやタオル、布団わたが主な用途であり、中繊維綿は衣料品を含め広範囲な用途に使われています。

　綿の形状は細く扁平なリボン状で、自然のよじれがあり、繊維断面は中空です。綿は植物繊維の中で最も多く消費される繊維で、丈夫で、吸湿・吸水性、保温性、耐熱性、耐洗濯性が良く、衣料品の素材として幅広く使われています。

　反面、洗濯などの摩擦による損傷、収縮、着用によるシワ発生の欠点がありますが、最近は形態安定加工の普及によりワイシャツ類での問題は解決されています。

　綿に関するクリーニングトラブルは、染色堅ろう度不良による変退色、移染、日光と汗の複合による変退色、蛍光増白剤入り洗剤による生成りや淡色生地の変色などが挙げられます。

イ　麻

　家庭用品品質表示法でいう「麻」は亜麻（あま、リネン）と苧麻（ちょま、ラミー）です。一般的に繊維の側面に横筋や節があり、繊維断面は、亜麻は多角形、苧麻は長円形で大きな中空孔を持っています。

　麻の手触りは硬く、吸湿性があってサラッとべとつかない、いわゆるシャリ感があります。衣料用に適しているのは、麻らしい感触、涼感に優れたラミーと、柔らかく綿に近い風合いのあるリネンです。ともに品の良い光沢があり、白度にも優れ（リネンはやや黄みがある）、天然繊維の中で最も強度があります。その長所を活かし夏用の高級な衣料品として背広、婦人スーツのほか、シャツ、ブラウス、ハンカチ、テーブルクロスなど多種の素材に用いられています。

　この２種類の麻を除いた大麻（たいま、ヘンプ）、黄麻（こうま、ジュート）及び

麻のニットは
素敵だけど
形態変化しやすく
注意が必要です

葉脈からとったマニラ麻、サイザル麻などの組成表示は「植物繊維（繊維の名称）」とするように定められています。

大麻は衣料品にも利用されるようになってきていますが、マニラ麻、サイザル麻などは衣料用には適しません。

また、麻のニット製品は、縦方向が収縮し、横方向に伸びやすく、全体に形態変化を起こしやすいので注意が必要です。

（2）動物繊維
ア　毛

毛は、羊毛だけでなく動物の毛の総称として使われますが、綿羊から刈り取った毛を羊毛といい、その他の動物から刈り取った毛を獣毛と細かく区別しています。それぞれ繊維長、太さ、繊維表面の形状などに特徴が見られます。

（ア）羊毛

動物繊維の代表的な繊維です。主要生産国はオーストラリア、ニュージーランド、南アフリカ、英国で、中でもオーストラリア産は最も生産量が多くて品質も良く、日本でも多く輸入しています。品種としてはメリノ種が世界の産毛量の3分の1を占め細番手の代表です。

羊毛製品の特長は、弾性に優れ、シワになりにくく、また、かさ高性があって空気を多く保持しますので、温かく、特に秋冬物衣料として重要な性質を持つ素材です。ちなみに、ザ・ウールマーク・カンパニーは、優れた羊毛製品に品質保証マークの添付を認めています。

しかし、羊毛は繊維表面にスケールと呼ばれる鱗〔うろこ〕があり、湿潤状態で揉まれると繊維が絡み合って収縮し硬くなります。その欠点を防ぐために防縮加工が普及しています。羊毛製品は、クリーニングの受取り時には、ジャケットの脇の下、スラックスの股下といった摩擦を受けやすい部位のフェルト化や、毛羽立ちの程度を確認する必要があります。また、羊毛製品の特徴として、防虫対策をとっていないと、保管中の害虫による穴開きを生じる危険があり、受取り時に注意が必要です。

ウールコートのフェルト収縮
表地がフェルト収縮しているため、裏地が余ってだぶついたようになっています

ザ・ウールマーク・
カンパニーによる
シンボルマーク

（イ）羊毛以外の獣毛

　分類としては馬やアザラシの毛など多く
の種類が含まれていますが、衣料品の原料
では羊毛以外のアンゴラ、カシミヤ、モヘ
ヤなどがよく知られています。

a. アンゴラ

　アンゴラ兎からとれた
毛で、細く柔らかい下毛
と、それを保護している
粗い毛があります。軽
く、手触りがソフトで、
温かい素材です。アンゴラ兎毛は糸にしに
くいので、ナイロンや羊毛と混紡されるの
が一般的です。アンゴラの毛羽立ちしやす
い性質を利用して、セーターなどニット製
品のミンク加工を行います。ドライクリー
ニングで再汚染や収縮（フェルト化）、風
合い変化、毛抜けなどが生じやすい素材です。

b. カシミヤ

　中国、中央アジア、中
近東などの高地に住むカ
シミヤ山羊の毛です。硬
い刺し毛の下の毎春抜け
落ちる防寒用の柔毛を梳
き取り、体の表面に生えている太くて硬い
刺し毛を除いたものです。絹のような光沢
と柔軟で独特のぬめり（生地の表面を触れ
ると滑らかだが、ぬるっとした感触）があ
り、軽くて、温かい素材です。カシミヤは
高価で、衣料品としても最高級品に評価さ
れています。

　しかし、撚りを甘くしているため、機械
的な摩擦や手荒な取扱いをすると、毛並み

が乱れ、毛羽の脱落や風合いの低下を招く
ので注意しましょう。「パシミーナ」ある
いは「パシュミナ」は、ネパールやインド
で伝統的に作られているストール・ショー
ル及びその素材（カシミヤの毛）を指す現
地語です。

c. モヘヤ

　アンゴラ山羊からと
れる毛で、アンゴラと
混同しがちですが、全
く違う繊維です。原産
地はトルコのほか、北
米の西部、南アフリカなどです。繊維の太
さは山羊の成長につれて太くなり、キッド
モヘヤが最も細く、アダルトモヘヤ（成
獣）が最も太くなります。

d. らくだ・キャメル

　中央アジアを中心と
します。主にフタコブ
ラクダの体毛のうち、
剛毛を取り除き内側の
細くて柔らかい毛を使
用します。毛質はカシミヤより太くコシが
あり膨らみがあります。羊毛を混ぜてオー
バーコートや毛布などの高級な素材として
使われますが、毛は褐色なので日本では欧
米ほど好まれていません。

e. アルパカ

　南米ペルーの高地に
生息するらくだ科の動
物からとれます。繊維
はやや太く、光沢とぬ
めり感があります。色
は白もありますが、
茶、グレイが主体になります。冬物衣料の
素材のほか、綿糸との交織は滑りが良く、
摩擦にも強いので洋服の裏地に使用されます。

f. ビキューナ

　南米アンデス山脈の高地に住むらくだ科

で、捕獲を禁止されている保護動物の毛です。メリノ種の羊毛より上質で、柔らかく、光沢があります。全ての獣毛の中で最も細く、高価でめったに見られない最高級の素材であり、高級なコート、礼服用に使われています。

イ　絹

絹は、わが国に産する動物繊維として古代から最も身近で、また、近代日本の繁栄を支えた繊維です。しかし、現在は激減して中国が世界の約60％の生産を占めています。蚕が口から連続して吐出してつくった繭を湯に浸けて、ほぐして引き出した繊維を生糸といい、天然繊維では唯一の長繊維（フィラメント）です。三角断面の２本の「フィブロイン」と、それを取り囲むニカワ質の「セリシン」で構成されています。精練によりセリシンを除去すると、絹本来の優美で上品な光沢、柔らかい風合いが得られます。

絹は、発色が鮮やかで、しなやかさと吸

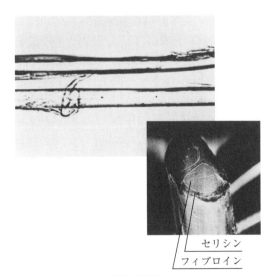

セリシン
フィブロイン

絹の形態
（写真提供：日本化学繊維協会）

湿性に優れ、繊維の中の最高級品です。クリーニングによって絹の優れた特長を損なわないよう取り扱わなければなりません。短所は、着用中の汗や摩擦による毛羽立ち（ラウジネス、白化）や変退色、スレ、輪ジミの発生、紫外線による黄変で、白地や淡色の保管には特に注意が必要です。

2. 化学繊維（人造繊維）

化学繊維は「化学的手段によってつくった繊維」と定義されます。現在のJISでは「繊維質の形で自然界に生成する材料とは全く異なる製造過程で得られる繊維」とされ、天然繊維以外の再生繊維・半合成繊維・合成繊維・無機繊維などの総称です。また、人造繊維も化学繊維と同じ意味で使われます。

（1）再生繊維

天然の高分子のセルロース原料を化学薬品などで溶解した後に、細い穴（ノズル）から押し出して凝固させて、繊維に再生させたものです。したがって、綿、麻と同じく主成分はセルロースです。

ア　レーヨン

原料の木材パルプから人工的につくった再生繊維で、絹のように連続した長繊維であることから、「人造絹糸」略して「人絹（じんけん）」と呼ばれました。長繊維よりもカットした短繊維を紡績したステープル・ファイバー略して「スフ」が主に使われています。レーヨンは光沢が強く、ガラスのように光る独特の光沢がファッション衣料として好まれ、婦人衣料などに使われています。染色性が良く、肌触りも良く、綿よりも吸湿性の大きい繊維ですが、強度が綿、絹より弱く、しかも湿潤状態では乾燥時の半分程度まで強度が低下します。

製品はコシ、ハリがなく、だらりとなる

のが弱点です。それを補うために各種合成繊維と混紡もしますが、レーヨン比率の高い製品はクリーニングに注意しましょう。

イ　ポリノジック

　レーヨンと同じくセルロース系繊維です。しかし、紡糸条件を改善してセルロースの重合度を高めるなどにより、湿潤状態での強度低下、膨潤収縮といったレーヨンの欠点を改善したもので、「改質レーヨン」ともいわれ、コシやハリも綿に近い性質となっています。用途は主に婦人夏服地、ブラウス、下着、裏地ですが、他繊維との混紡が綿と同様の分野に使われています。

ウ　キュプラ

　原料のコットンリンター（綿花をとった後に残る短繊維）を、銅アンモニア溶液で溶かしてから紡糸してつくられた繊維です。銅アンモニアレーヨンとか、原糸メーカーの商標名から一般には「ベンベルグ」とも呼ばれていますが、JISではキュプラを正式名としています。単糸の太さはレーヨンの半分以下の細いものもでき、断面は丸く、表面は平滑でソフトタッチ。保湿性と清涼感があります。ほとんどが長繊維で、光沢の良さと滑りの良さから高級裏地や婦人用インナーが主要な用途となっています。

（2）半合成繊維

アセテート、トリアセテート

　セルロースに酢酸を結合させた繊維で、以前は酢酸人絹とも呼ばれていました。アセテートとトリアセテートの性質は若干異なりますが、取扱い方法に大きな違いはありません。両者とも絹に似た光沢と深みのある鮮明な発色を特長とし、ハリ、コシ、ドレープ性も優れています。レーヨンより吸湿性が低く、濡れてもレーヨンのような形くずれをしません。逆に、耐熱性はレーヨンよりやや低く、整髪料やマニュキュア、シンナーが付着すると、溶けたり変色したりする可能性があるので注意が必要です。主な用途は婦人用アウター、スカーフ、高級寝装品、パーティー用のファッション素材など広範囲に使われています。

トリアセテートを使用したブラウス

（3）合成繊維

　動植物とは全く別個の有機物質で、石油、石炭などを原料として合成した高分子化合物の化学繊維です。したがって実用化され衣料として使われたのは最も新しく、20世紀中頃からです。略して「合繊」ともいい、ナイロン・ポリエステル・アクリルを三大合繊といいます。合成繊維は強く、軽く、暖かく、熱可塑性〔ねつかそせい〕（加熱して力を加えると簡単に形が変わり、そのまま元に戻らない性質。熱セット性）があり、屋外暴露や薬品、虫、カビに抵抗性があり、吸湿性が低いなどの共通の性質を持っています。欠点は、熱で収縮、伸び、軟化、溶融するものが多く、摩擦で静電気を発生しやすいことです。

注）繊維名の＊印は、家庭用品質表示法　繊維製品品質表示規程による指定用語

ア　＊ナイロン　＊NYLON

ポリアミド系合成繊維の一般名はナイロンで、世界最初の合成繊維として「鋼鉄よりも強く、蜘蛛の糸のように細い」と宣伝されました。ほとんどが長繊維として使われ、短繊維は補強用に単独あるいは羊毛やポリエステルなど他の繊維と混紡して使われています。

なお、衣料品に使われるタイプとしてナイロンは6（ロク）と66（ロクロク）があり、わが国では前者が主流ですが、世界的には後者が主流になっています。ナイロン6は染まりやすい繊維ですが、染色堅ろう度がやや劣るといわれています。ナイロン66は耐熱性、強度、弾性率が高く、産業用に適するなどの特長があります。

ナイロンの欠点は、日光やガスなどによる黄変で、白や淡色は経時変化で目立ってきます。熱に対して弱く、タバコの火やストーブなどに接触すると溶融し、穴が開きます。用途はスポーツ衣料、下着、ストッキングが主ですが、産業資材にも広く使われています。

イ　＊ポリエステル　＊POLYESTER

ポリエステルは、ＰＥＴ（ポリエチレンテレフタレート）、ＰＴＴ（ポリトリメチレンテレフタレート）、ＰＢＴ（ポリブチレンテレフタレート）の総称です。優れた性質によってポリエステルの生産量はナイロンとアクリルを合わせた数量よりも多く、ナイロンは産業用、アクリル、モダクリルは寝具、インテリア用が多いのに対して、ポリエステルの使用量は圧倒的に衣料品の分野ですが、産業用まで幅広く使われています。ポリエステルはナイロンと同様に最も強い繊維の一つですが、製品化したときのコシ、ハリと、耐熱性がナイロンや

アクリルよりも優れているのが最大の特長です。熱セットでプリーツ加工ができ、洗濯での伸び縮みが少なく、乾きが早いなど、ウォッシュ・アンド・ウェア性に優れています。また、耐光性はナイロンより優れ、長時間露光しても強度低下や黄変は起こらず、更に薬品にも強いなど長所が多い繊維です。欠点は、染色性がナイロン、アクリルより劣るほか、ピリング（まめ知識：ピリング生成過程モデル図参照）が出来やすい、汚れを吸着しやすいなどが挙げられます。衣料用には、新合繊で知られるように異形断面糸や超極細繊維などの高機能で付加価値のある繊維が開発され用途を広げています。ナイロン・アクリル・ポリエステル以外の合繊繊維の生産量は低く、衣料品の用途も限られています。

ウ　＊アクリル

アクリルニトリルを重量比で85％以上含む合成繊維で、最も羊毛に似た性質を持っています。長所は、かさ高性があり、毛に似た軽くて柔らかい手触り、耐候（光）性に優れ、美しい色に染まります。欠点は、ピリングが出やすく、熱に弱いのでタンブル乾燥温度は60℃以下とすることが望ましいでしょう。主に紡績糸としてセーター、靴下、毛布などに多く使われ、わが国の生産量はポリエステルに次ぎますが、ナイロンとは反対に短繊維としての使用がほとんどです。

エ　＊モダクリル　（旧アクリル系）

注）指定用語「アクリル系」は、家庭用品質表示法の変更「2022（令和4）年1月1日公布・施行」により、＊モダクリル　に変更されました。

アクリルニトリル成分がアクリルより少なく、塩化ビニルと結合している合成繊維で、塩化ビニルの比率が大きくなるほど難燃性、柔軟性が向上します。その特性を活

かして主としてカーテン、カーペット、人工毛皮（イミテーションファー・フェイクファー・エコファー）に用いられます。欠点としては、熱、蒸気に極端に弱く、また、アセトンやジメチルホルムアルデヒドなどのシミ抜き溶剤に溶けやすいことです。

オ ＊ポリウレタン

一般にスパンデックスともいわれていますが、ゴムのように6倍以上もよく伸び、大きな伸縮回復力のある弾性繊維です。ゴムよりも劣化せず、ドライクリーニング溶剤にも膨潤しにくく、極細の糸ができるなどの長所があります。しかし、染色性が低く、熱、油、薬品、紫外線に弱く、塩素系漂白剤の使用を避けるなど取扱いに十分注意が必要です。最近の衣料品のカジュアル化傾向の中で、ストッキングや靴下から下着、スポーツ衣料、一般衣料に使われています。10%前後を混紡したり、ポリウレタン糸を芯にレーヨンやナイロンなどをカバリング（被覆）したストレッチ織物など幅広く用いられています。

カ ＊ビニロン

ポリビニルアルコールからつくられ、わが国で最初に発明された合成繊維です。合成繊維の中では最も吸湿性が高く、強度があり、摩擦に強く、そして価格が安いことから作業服、学生服などの衣料に使われました。現在は主として不織布、農業資材、産業資材として使われています。

キ ＊ポリ塩化ビニル

丈夫で耐薬品性が優れ、難燃性である反面、耐熱性は特に低く、60℃以上の熱で収縮、形くずれを起こすので、受付け時に組成表示を確認してタンブル乾燥やアイロン仕上げは避けましょう。吸湿性がなく、難染性のため衣料品としては適しません。カーテン、テント、壁材などの素材として使われます。

ク ＊ポリプロピレン

繊維の中で最も軽い繊維です。融点と耐熱性は低く、吸湿性が全くありません。また、普通の方法では染まらないので原液着色（紡糸前の原液に着色材を加えること）をします。中わたにポリプロピレンを使用したアパレル製品はタンブル乾燥やプレスの熱で収縮する欠点がありますので注意が必要です。カーペット、中わたその他の産業資材に使われます。

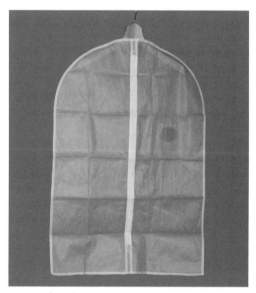

ポリプロピレン製の不織布カバー

ケ ＊ポリ乳酸

トウモロコシや芋類、サトウキビなどの植物から取り出したデンプンを発酵することによって得られる乳酸から作る繊維で、ポリエステル繊維と同じような強さを持ちながら、土中や水中の微生物の働きで二酸化炭素（炭酸ガス）と水に分解されていく生分解性の合成繊維です。ポリ乳酸を用いた繊維製品は、環境に優しい半面、熱に弱い（融点は約170℃）という欠点があります。

（4）無機繊維

ア　＊ガラス繊維

　ガラスを繊維状にしたもので短繊維と長繊維があります。耐薬品性、耐熱性、電気絶縁性などを活かし多種の産業資材に使用されています。

イ　＊炭素繊維

　アクリルやレーヨンを焼いて炭素化した繊維です。比重はスチールの４分の１以下と軽い素材ですが、非常に強く、弾性率の高いのが特長です。樹脂で固めて釣竿やゴルフクラブのシャフト、飛行機の機体などに使われ、衣料品の用途はありません。

金属繊維を使用したジャケット
金属繊維の特性上、着用に伴う摩擦、屈曲作用による変化は避けられません

ウ　＊金属繊維

　金属を細く、長く延ばしたもので、スチール繊維ともいいます。ステンレス、鉄、金、銀、アルミニウムなどがありますが、ステンレスが一部の衣料用に用いられます。ブラジャーカップの保形材などにも使われますが、サビ、折り曲げの強度や皮膚障害について注意が必要です。

3. その他の繊維

ア　ロープーマ　『指定用語　植物繊維（ロープーマ）』

　羅布麻〔ろふま〕又は白麻ともいわれます。中国新疆ウイグル自治区に野生する夾竹桃〔きょうちくとう〕科の植物からとれる繊維で、日中で共同開発しました。古くから漢方薬の原料でもあります。肌触りが柔らかく、絹のような光沢で、軽くて吸水性、通気性に優れています。高級服地、ハンカチ、タオルなどの素材として使われます。

イ　ケナフ　『指定用語　植物繊維（ケナフ)』

　西アフリカ原産のアオイ科の１年草の茎からとった植物繊維。東南アジア、アメリカでも栽培され、衣料用や袋に利用されて

まめ知識
ピリング生成過程モデル図

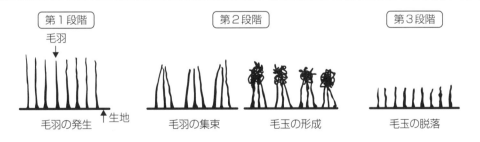

第１段階	第２段階	第３段階
毛羽 毛羽の発生　↑生地	毛羽の集束　　毛玉の形成	毛玉の脱落

　ピル（pill)とは毛玉を意味する言葉で、着用などの摩擦によって生地の表面に発生する。比較的強度の低い羊毛は毛玉ができても摩擦で第３段階のように脱落するが、強度のある合成繊維は表面に絡み合って脱落しにくい。

ケナフは
エコロジー繊維
として注目
されているよ

います。二酸化炭素の吸収能力が高く、環境に優しい繊維、エコロジー繊維として注目されています。

ウ　バンブー（竹）繊維　『指定用語　植物繊維（バンブー）』

　竹を有機溶剤で溶かし、セルロースを取り出しワタをつくり紡糸したもので、パルプを原料とする再生繊維のレーヨンと似ています。竹のワタ繊維には、表面に多くの溝（細長い空洞）があり、その溝が水分を吸収します。バンブー繊維を使った生地は綿や麻よりも通気性や防シワ性が優れ、適度な湿気を残しつつサラリとした肌にしてくれるので、夏服に最適。天然素材なので、肌が敏感な人でも安心して使える肌触りの優しい素材です。

COLUMN
編み物の歴史

　編み物（ニット）の起源は古く、旧石器時代にまでさかのぼるといわれている。世界的に見ても、発見されている最初の編み細工は、1本の連続した糸を編んで作った網あみで、やがて、糸・藁わら・竹などを素材として、手や針を用いて様々な生活道具（籠・敷物等）や衣料が作られるようになった。日本でも、縄文時代早期に漁網が編まれていたことが判っていたり、編み物製ポシェットなどが発見されている。

　編み物は英語でニットという。ポルトガル語やスペイン語で靴下を意味する「メリヤス」という呼び方もあり、江戸時代から昭和20年代ころまで、このメリヤスという単語が下着や靴下用に用いられたが、最近ではメリヤスは死語となり、ニットと呼ばれるようになった。

ベニハッサンの墳墓に描かれた古代エジプトの織りの様子。ベニハッサンはエジプトのナイル川東岸に位置する村。ハトシェプストとトトメス3世によって作られたとされる神殿がある。39基の岩窟墓（墳墓）が発見され、そのうち4基が公開されている。

輪編みをする様子が描かれている絵画（1400-1410年頃、マイスター・ベルトラム筆）

カスパル・ネッチェル（1622年）『レースを編む女』

出典: WIKI パブリックドメイン

エ 抄繊糸（しょうせんし）『指定用
　語 分類外繊維（抄繊糸）』

　和紙を原料としてつくられた植物性繊維
の糸です。紙糸（かみいと）、ペーパー
ヤーンともいいます。コウゾ（楮）、ミツ
マタ（三椏）などを原料として和紙をつく
り、細く切断し、「こより」のように撚っ
て糸にしたものです。大麻や合成繊維も使
われます。麻調の風合い、質感、吸湿性、
吸汗性、軽量性はありますが、濡れたとき
の強度低下、収縮が欠点です。シャツ、
セーター、帽子などに使われます。

オ リヨセル 『指定用語 再生繊維
　（リヨセル®） 又は、再生繊維（セル
　ロース）』

　木材パルプを原料にアミンオキサイド系
水溶液のほかは化学薬品を用いずに紡糸し
て製造した再生繊維で、「精製セルロース
繊維」ともいいます。レーヨンに比べて省
エネ型で、副生品が発生せず、環境汚染が
なく、溶剤は回収・再利用できるなどの利
点があります。乾強度、湿潤強度ともに
レーヨンより大幅に優れますが、湿気と摩
擦などの外力を受けて繊維が裂けて細分化
し、ささくれ（フィブリル化）が生じ、白
化するので取扱いに注意が必要です。白化
を目立たなくするためにストーンウォッ
シュ加工（人工的に中古風に加工する方法
で、軽石、人工研磨石等を入れて洗う加
工）により、あらかじめフィブリル化させ
た後に酵素柔軟処理などの加工を行う必要
があります。家庭用品質表示法による指
定外用語は「リヨセル」であり、「テンセ
ル」は商標です。

4. その他

羽毛 ＊ダウン＊フェザー＊その他の羽毛

　羽毛は鳥類の体表を覆うわた毛や羽で、
布団、衣料品などの詰め物として利用され
ます。ダウン、フェザー及びファイバーの
総称です。

　ダウンは水鳥からとったわた毛で、極細
の立体的な形をしています。軽くて柔らか
く、圧縮しても回復が早く、保温性も高い
特性があり、ダウンジャケットや羽毛布団
が主な用途です。

　フェザーは水鳥、陸鳥からとった羽で、
布団、枕の詰め物として用いられます。ダ
ウンより大型ですが、詰め物に用いられる
のは小型のスモールフェザーです。

水鳥・陸鳥の羽

第2章　衣料品生産の基礎知識

1. 衣料品生産の流れ

　図Ⅳ－1は、繊維から、糸、布、製品（衣料品）までの各段階で製造加工にかかわる関連のある業種を大雑把に記したものです。図はごく簡単に流れを示したもので、衣料品の生産にはさらに複雑に関連業種が携わっていますが、概要であるこの図からも衣料品ができるまでに多くの分野の業者の手を経ていることが分かります。それら個々の業者の技術レベルができ上がった衣料品の価値や品質を決定付けることになります。

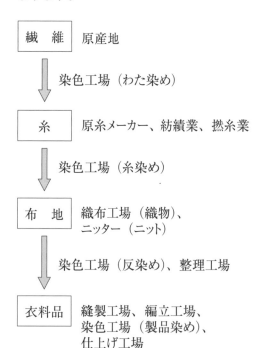

図Ⅳ－1　衣料品ができるまでの関連業種

2. 糸のいろいろ

　糸は、衣料品をはじめほとんどの繊維製品生産の過程で不可欠な素材です。すなわち、一部の不織布製品を除き、糸の形態をとらなければ繊維製品はつくれず、糸を原料として織物、ニットの衣服、身の回り用品、産業資材など多様な製品が作られています。

（1）糸のできるまで
　繊維の種類、太さ、状態によって製造方法は異なります。

- 短繊維
  綿、麻、毛、スフ（レーヨンの短繊維。ステープル・ファイバーの略）

  各種紡績糸
- まゆ（絹繊維）
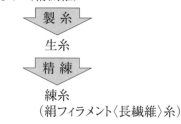
  生糸
  練糸
  （絹フィラメント〈長繊維〉糸）
- ポリマー溶融液（化合繊）

  各種化合繊

（2）糸の分類
ア　糸の形態
　紡績糸（スパン・ヤーン）、フィラメント糸、複合糸（混紡糸、混繊糸）
イ　毛糸の紡績方法
　梳毛糸〔そもうし〕、紡毛糸〔ぼうもうし〕
ウ　糸の構造
　単糸、撚糸、双糸（二子糸）、三子糸、諸撚糸

エ　撚りの仕方

S撚り（右撚り）、Z撚り（左撚り）、下撚り、上撚り

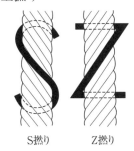

S撚り　　　Z撚り

図Ⅳ-2　S撚りとZ撚り

単糸　　単糸

下撚り

上撚り

図Ⅳ-3　双糸の上撚りと下撚り

オ　撚りの強弱

甘撚り（弱撚糸）、並撚り（中撚糸）、強撚糸、極強撚糸

カ　糸の太さと表示

番手（count）　標準重さに対する単位長さの倍数で表します。数字が大きくなるほど細い糸です。適用：綿番手（紡績糸）、メートル番手（梳毛糸、紡毛糸）

デニール（denier）　標準長さに対する単位重さの倍数で表します。数字が大きくなるほど太い糸です。適用：長繊維糸（絹糸、化合繊フィラメント糸）

テックス（tex）　1,000メートルあたりのグラム数で表し、数字が大きくなるほど太くなります

（3）主な糸の製造法

ア　紡績糸

下記の3つの作業手順により短繊維から糸がつくられます。

- 繊維をほぐして平行に並べます
- 繊維を集めて紐状にしたものを引き伸ばします
- 細く長くなったら撚りをかけます

原料繊維の特質に合わせていくつかの紡績方式があります。

まめ知識
梳毛糸と紡毛糸

　ウール糸を大きく2つに分けると、細くて強い光沢に富んだ梳毛糸と、太くてふんわりした紡毛糸に分けられる。梳毛糸で織った梳毛織物は紡毛織物よりハイグラルエキスパンション（注）の影響を強く受ける。繊維の配列がよく、撚りが紡毛糸より強いからだ。

梳毛織物の代表例
サージ／ギャバジン／トロピカル／ポプリン／ポーラ／ピケ／ドスキン／ベネシャン

毛織物の特長
- 吸湿がよい（綿と比べて吸湿性が大きい）
- 暖かい、そして涼しい
- アイロンなどによるセット性がある
- シワになりにくい

取扱いにも注意が必要
- 吸湿の程度による伸び縮み
- 洗濯による縮み（フェルト化）
- 防虫

（注）ハイグラルエキスパンション：ウールが湿度の変化によって、水分の吸収・放出により伸び縮みすること

繊維及び繊維製品

107

イ　紡糸

　化合繊の製造段階で、原液を多数の小さい穴のあいたノズルから押し出して長繊維をつくります。カットしたのが短繊維です。原料によりいくつかの紡糸方式があります。

3. 織物とニットの基本

（1）織物
ア　織物の製造

　長さ方向の経糸〔たていと〕と幅方向の緯糸〔よこいと〕が所定の組合せ方式にしたがって、互いに上下に交差してつくられた布地を織物といいます。

　工業的には準備した数千本の経糸を織機にセットして、経糸の上下する開口運動の間に、直角に緯糸の横入れ運動を繰り返してつくります。

イ　織物の組織

　平織、綾織、繻子〔しゅす〕織を三原組織といいます。三原組織の変化組織や特殊組織など多種多様な組織があります。

注）繻子織は「朱子織」とも書きます。

（2）ニット（編物）
ア　ニットの製造

　織物が縦・横の2方向の糸によってつくられるのに対して、ニットは縦又は横のいずれか1方向の1本の糸によってつくられます。すなわち、糸により横方向（コース）もしくは縦方向（ウェール）に連続した編目（ループ）でつくられた布地です。その方向により前者の緯編〔よこあみ〕（横編・丸編・靴下編）及び後者の経編〔たてあみ〕に大別されます。

　工業用には、横編機、丸編機、靴下編機、経編機（トリコット編機、ラッシェル編機）が使われ、コンピュータ制御方式が多用されています。

イ　ニットの組織
（ア）緯編

　平編（天竺編）、リブ編（ゴム編）、パール編（ガータ編）を三原組織といいます。

（イ）経編

　デンビー編、コード編、アトラス編を三原組織といいます。

織物

ニット

図Ⅳ-5　織物とニットの外観（例）

ウ　編目の粗密

　ニットの密度はゲージ（G）で表されます。機種により異なりますが、一般には1インチ（2.54cm）間に植えられた編針の本数で示します。したがって、数字が大きいほど、一般的には編目の細かい薄地で軽めの編地となります。

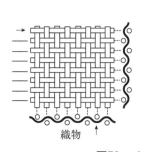
織物

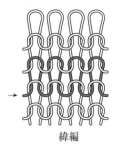
緯編

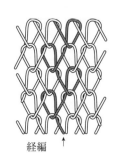
経編

図Ⅳ-4　織物とニットの組織（例）

(3) 織物とニットの性能比較

表Ⅳ－4　織物とニットの性能比較

特性＼区分	織物	ニット
ドレープ性	小さい	大きい
コシ、ハリ	ある	すべすべしてしなやか
肌触り	硬い	軽くて柔らかい / 暖かい / 刺激少ない
体型適合性	適合しにくい	適合する
W＆W性(注)	小さい	大きい
アイロンの必要性	必要性大きい	必要性少ない
伸縮性	小さい	大きい
形くずれ	しにくい	しやすい
シ　ワ	できやすい	できにくい
通気性	小さい	大きい
保温性	小さい	大きい
引張強度	大きい	小さい
耐摩耗性	優れる	劣る
ピリング	できにくい	できやすい

（注）W&W性：ウォッシュ・アンド・ウェア性の略で「洗ってすぐ着られる」性能のこと

4. 衣料品の製造

衣料品は国別、性別、年齢、ファッション傾向、着用目的などにより多種多様です。また、複雑な過程を経て製品がつくられています。ここでは、その製造方法について単純に整理して、織物やニットの布地から婦人服をつくる例と、糸からニット製品を直接つくる例をモデルとして示します。

(1) 生産工程例（概要）

110ページの図Ⅳ－6及び図Ⅳ－7参照

(2) 生産工程の作業ポイント

型紙（パターンメイキング）

ア　パターンメーキング

生産用の標準サイズの型紙をつくります。

イ　グレーディング

標準サイズの型紙から必要なサイズに応じて拡大・縮小して他のサイズの型紙をつくります。

原反の取扱い

ア　検反

生産工場に投入された生地（織物・ニットの原反）は、目視による汚れや織傷等の不良部分が製品化されないように検査を行います。

イ　放反、縮絨（スポンジング）

生地の歪み（ひずみ）を緩和するためほどいて軽く折りたたみ、一定時間放置します。スチーミングや振動を与える縮絨（スポンジング）を行うこともあります。

ウ　延反

裁断前に生地を台に広げ、素材ごとに適正な枚数を重ねてマーキングの準備を行います。

エ　マーキング

延反した生地を裁断するために型紙を効率よく配列します。コンピュータ・マーキングシステムではデータを入力します。

オ 裁断

広げた生地にマーキングしたマーカー紙を乗せてパーツに裁断します。コンピューターカッティングシステムではデータによりレーザーカッティングが行われます。

カ 芯地接着

裁断した各パーツに接着機により芯地を接着します。

キ 下蒸し（ニット生地）

ニットなどは編立後リンキング前に蒸気をあてて編地の歪みをとり安定させます。

ク 縫製

裁断した生地を各種ミシンにより縫い合わせます。

ケ まとめ

ミシンによる縫製ができない部位の作業は手縫いによる縫製が行われますが、従来手作業で行われていたボタン、スナップ付けは最近種々の特殊ミシンが開発され、ミ

シンで行われています。

コ 仕上げ

適切な仕上げ機を使用して製品の持ち味を損なわないような仕上げをします。プレス機（スチーム式、電熱式）とスチームフィニッシャーなどがあり、それぞれの特長があります。

サ 検品

製品によって抜取検査か全数検査を行います。不良内容により関連部署に戻して改善させます。そのためには検査方法や検査基準を定め、生産工程での事故、不良品発生の未然防止を徹底することが肝要となります。

シ 検針

針（ミシンの折れ針等）など異物の混入が見逃されることは、消費者に危害を与える重大なミスとなりますので、針等異物混入は絶滅を図る必要があります。

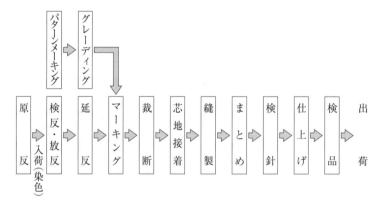

図Ⅳ-6 婦人服の生産工程例（概要）

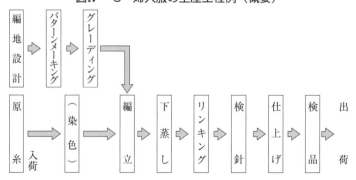

図Ⅳ-7 ニット製品（横編み）の生産工程例（概要）

第3章　染色加工の基礎知識

1. 染色

（1）染色加工工程の流れ

精練・漂白 ⇨ 染　色 ⇨ 後　処　理

ア　精練

大部分の繊維製品は、繊維の不純物（油脂、汚れ、ゴミなど）を除去して、染色や漂白を均一に行うための前工程。アルカリや界面活性剤で洗浄します。

イ　漂白

精練後の繊維に含まれている色素類や紡績や製織工程などで付着した着色物質などを除去し、均一な染色を行うため漂白作業が行われます。

ウ　染色

染料あるいは顔料によって、それぞれ決められた色に染められます。

エ　後処理

漂白、染色の後、余分な染料や付着物を洗浄するソーピング、堅ろう度向上のためのフィックス処理や柔軟処理などの工程です。

（2）染色の形式

ア　染め方による分類

浸染〔しんぜん〕

染料溶液に糸や布地（被染物）を浸して着色します。

捺染〔なっせん〕

染料又は顔料に糊を加えて被染物の一部又は全面に所定の色・柄を着色します。プリントともいいます。

イ　被染物の状態による分類

わた染め、糸染め（綛染め〔かせぞめ〕・チーズ染め）、反染め、製品染め。

ウ　先染めと後染め

布地にする前に染めることを先染め、布地になってから染めることを後染めといいます。

（3）染料と顔料

ア　染料

水などに溶解もしくは分散して、繊維に吸着して実用的な染色堅ろう度があるものです。ただし、繊維の種類によって適、不適があります。

イ　顔料

水に溶解せず、繊維に結合する親和力がないため、接着用樹脂（バインダー）で染着させる着色剤です。

繊維の種類とは関係ありませんが、布地表面の形状により適不適があります。

染色に使用する樹脂が溶脱しやすく、顔料も同時に脱落するため、ドライクリーニング表示は石油系でのテスト結果を確認したうえで Ⓕ Ⓕ Ⓧ のいずれかになります。

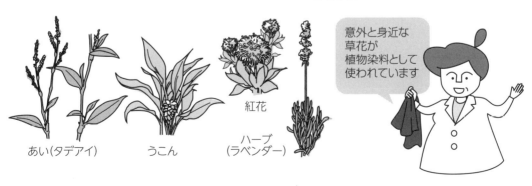

あい(タデアイ)　　うこん　　紅花　　ハーブ(ラベンダー)

意外と身近な草花が植物染料として使われています

（4）主な繊維の染色に適する染料例

染色は染料の単独使用ではなくて、使用染料に適した染色助剤や化学薬品を使用し、適切な染色条件を整えることが必要です。

◎印は：染めやすさ、染色堅ろう度などから主に使用される染料を示します。

ア　植物繊維（綿・麻・レーヨン）

直接染料、バット染料、◎反応染料、ナフトール染料、硫化染料

イ　動物繊維（羊毛・絹）

◎酸性染料、酸性媒染染料、◎反応染料、金属錯塩染料

ウ　アセテート

◎分散染料

エ　ナイロン

分散染料、◎酸性染料、◎金属錯塩染料、反応染料

オ　ポリエステル

◎分散染料　カチオン染料可染型ポリエステルもあります

カ　アクリル

◎カチオン染料

（5）主な染色堅ろう度の種類

ア　耐光堅ろう度

日光やその他、光による変退色の程度を調べ、評価するものです。

イ　洗濯堅ろう度

家庭での洗濯の作用による色の変化の程度（変退色）と他の洗濯物への色移りの程度（汚染）を評価するものです。

ウ　水堅ろう度

試験片が水に濡れたことで発生する色の変化（変退色）や、その試験片と接触している物に対する色移り（汚染）の程度を評価するものです。

エ　汗堅ろう度

汗の作用による色の変化の程度（変退色）と重ね着した他のシャツなどへの色移りの程度（汚染）を評価するものです。

オ　摩擦堅ろう度

重ね着などの衣料品同士のすれ作用による他への色移りの程度（汚染）を評価するものです。

カ　ドライクリーニング堅ろう度

ドライクリーニングの作用による色の変化の程度（変退色）と、他のクリーニング物への色移りの程度（汚染）を評価するものです。

キ　汗耐光堅ろう度

屋外でスポーツをした場合などに起こる光と汗の複合作用による色の変化（変退色）を評価するものです。

ク　その他

衣料品は着用目的に応じて上記以外の試験、・海水・熱湯・塩素漂白剤・酸素系漂白剤・有機溶剤（テトラクロロエチレン、石油系）・ガス（窒素酸化物「NOx」）等々多くの項目に対して染色堅ろう度試験を行うことがあります。

2. 繊維加工

（1）風合い改善に関する加工

ア　シルケット加工（マーセライズ加工）

絹のような光沢と強度及び染色性の向上の効果があります。

イ　擬麻加工

綿やレーヨン織物に麻のような外観とシャリ感、コシ、ハリを与える加工です。

ウ　減量加工（アルカリ減量加工）

繊維表面の組織を一部溶解して除き、繊維製品の風合いを改善する加工です。

エ　酵素処理（バイオウォッシュ加工）

酵素のセルラーゼを使用し綿製品の風合いを改良する加工です。

オ　ワッシャー加工（ウォッシャー加工）

洗浄機の揉み作用でジーンズなどに着古し感を与える製品洗い加工です。

カ　液体アンモニア加工

　綿などを液体アンモニアに浸け、緊張下の加熱で光沢、強度、防縮、防シワ性、セット性の向上、風合いをソフトにする加工です。

（2）外観の変化に関する加工

ア　シワ加工

　おしゃれ表現として布地に規則的又は不規則的な凹凸のシワを付ける加工です。

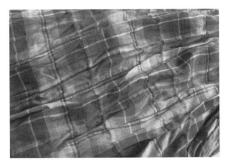

シワ加工

イ　プリーツ加工

　布に耐久性のある折り目やヒダを付ける加工です。

プリーツ加工

ウ　起毛加工

　布面を針布や薊〔あざみ〕などで引っかいて毛羽立たせる加工です（フラノや綿ネルなど）。

エ　ピーチ加工（薄起毛〔うすきもう〕加工）

　ポリエステルなどの織編物の表面を起毛し桃の産毛〔うぶげ〕状の手触りとする加

ピーチ加工

工です。布地の表面の細かい桃の産毛（うぶげ）状の手触りから「ピーチスキン加工」ともいわれます。

オ　エンボス加工

　織物を凹凸のついた加熱ローラーの間に通して凹凸の模様を付ける加工です。

エンボス加工

カ　オパール加工（抜食〔ばっしょく〕加工、穴あき加工）

　耐薬品性の異なる2種の繊維による混紡・交織素材の一方を溶解し、布地の透かし模様をつくる加工です。

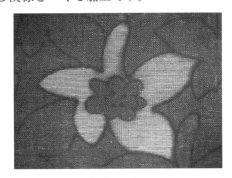

オパール加工

キ　フロック加工（フロッキー加工、電着
　加工、植毛加工、電植加工など）

　接着剤を塗った布面に細かく短い繊維
を、静電気などを利用して植え付ける加工
です。

ク　発泡加工（発泡プリント）

　樹脂などに発泡剤を混ぜて布に塗布し、
熱処理で膨らませ厚手の柔らかい風合いと
する加工です。

発泡加工

ケ　モアレ加工

　フィラメント織物に波や木目〔もくめ〕
のような模様を付ける加工です。

（3）新機能の付与に関する加工

ア　樹脂加工

　合成樹脂類を使用して多目的に行う加工
の総称です。

イ　はっ水加工

　布地表面に水をはじく性能を与える加工
です。

はっ水加工

ウ　コーティング加工

　布地表面に合成樹脂類を塗り、防水機能
や表面効果を与える加工です。

エ　オイルコーティング

　コーティング加工のひとつ。ポリウレタン
樹脂をもとに、シリコン樹脂、ふっ素系樹
脂、油脂類などを加えて塗布する方法です。
この加工生地をオイル・クロスといいます。

オ　ラミネート加工・ボンディング加工

　ラミネート加工は、布に薄いポリウレタ
ンなどのフィルムやシートなどを貼り合わ
せる加工です。ボンディング加工は、布と
布を張り合わせる加工です。

ボンディング加工のジャンパー

■品名：ジャンパー
■素材：表地　表　ポリエステル 100%
　　　　　　　裏　ポリエステル 100%
　　　　裏地　ポリエステル 100%
■取扱表示：

　組成表示に「表地：表　ポリエステル 100%、
裏　ポリエステル 100%」と表示されているた
め、ボンディング加工と考えられる。

カ　防縮加工

　洗濯や取扱いによって収縮する繊維の性
質を抑える加工の総称です。加工方法は、
対象とする繊維の種類によって異なります。

- 綿：樹脂加工、液体アンモニア加工、
　マーセル加工、サンフォライズ加工
- 羊毛：表面のスケール先端の除去、樹脂
　による被覆（マスキング）

・合成繊維：熱セット

キ　サンフォライズ加工（圧縮収縮仕上げ）

綿布を専用の加工機械によりあらかじめ縮めることで防縮する加工です。

ク　形態安定加工

綿や混紡の衣料品が、着用と洗濯でも縮まず、形くずれを防ぐ加工です。ワイシャツにはこの加工が利用されています。

ケ　帯電防止加工（制電加工）

繊維に発生する静電気を抑制する加工です。

コ　防水加工

布表面に樹脂をコーティングするなどの方法で水がしみて濡れることを防止する加工です。

サ　透湿防水加工

通気性が必要な衣料に、水蒸気は通しても水滴は通さないようにする加工です。

シ　吸湿・吸汗加工

合成繊維の欠点である低い吸湿性や吸汗性を向上する加工です。

ス　防汚加工

繊維製品を汚れにくく、また、付いた汚れを落としやすくする加工です。

セ　抗菌防臭加工（衛生加工、防菌防臭加工）

細菌、微生物の増殖を抑制し、不快臭の発生も防止する加工です。

ソ　防虫加工

虫害を受けやすい羊毛に防虫加工剤を結合させて虫害を予防する加工です。

上記のほかに抗スナッグ加工、抗ピル加工、防炎加工、防ダニ加工、UVカットなど多くの加工があります。

まめ知識
フェルト化のメカニズム

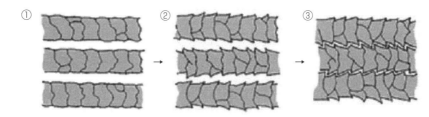

①正常な状態のウール
②水・酸・アルカリの影響を受け、スケールの立った状態
③摩擦を受け、立ったスケール同士が絡み合った状態（フェルト化）

　毛製品のジャケットやパンツで、着用中、汗や雨などの水分過多の状態でもみや摩擦を受けると、羊毛はフェルト化することがある。洗濯でも同様の現象が発生することがある。表面のスケールが、水・酸・アルカリの影響を受け、スケールが立った状態になり、その後の摩擦によって、立ったスケール同士が絡み合った状態になることがフェルト化である。（図参照）

　毛素材は、洗濯や着用で、丁寧な扱いをすることが必要である。人間の髪の毛も基本同様の構造で、髪の毛の手入れが不十分であると髪の毛が絡みついたりする。これを防ぐために私たちは、シャンプー後にリンスをして繊維同士が滑りやすくしている。

防縮加工の種類

防縮加工の種類	内容
オフスケール	薬品でスケールを除去する方法
樹脂加工	樹脂でスケール間を埋める方法

出典：ニッセンケン品質評価センター

第4章　副資材の基礎知識

　副資材は衣服の出来栄え、品質を支える大変重要な役割を持っています。しかし、副資材が多様化し、クリーニングに当たってはそれぞれの特性を理解し、事故防止に努める必要があります。

1. 裏地

（1）裏地の機能

　通常、衣服に付けられた裏地には次の3つの機能があります。

ア　着心地の改善

- 着脱の滑りを良くし手着脱しやすくする
- 着用中の動きを楽にします(すべり性)
- 表地への汗の影響を防止します（吸放湿性）

イ　形態の安定（保形性）

- 衣服の形くずれを防ぎます
- 衣服のシルエットを整えます

ウ　外観の改善

- デザインの効果を表現します
- 表地の透明感や柄の効果を出します

裏地には主に3つの効果があるんだ
①着心地
②衣服の形くずれ防止など
③衣服のデザイン効果

- 下着の透けを防ぎます
- 衣服の裏側を整えます

エ　その他

　「不快なまとわりつき」「着脱時のパチパチ」「衣類にホコリがつく」等の静電気によるトラブルを起こりにくくする機能を持つものもあります。

（2）裏地の素材

ア　使用繊維

　キュプラ、ポリエステル、綿、ナイロン、アセテート、アルパカなど。

イ　織物

　平織（タフタ、羽二重）、繻子織〔しゅすおり〕（サテン）、綾織（ツイル）など。
注）繻子織は、朱子織とも書きます。

ウ　ニット

　トリコット（ハーフ、バックハーフ、シャークスキン、メッシュ）など。

エ　染色加工

　染色はほとんど後染（反染)です。加工は主に防シワ、平滑、帯電防止樹脂加工です。

オ　裏地の性能

　所要の性能は裏地を付ける目的、服種、部位によって異なります。

2. 芯地

（1）芯地の機能

①着用による形くずれを防ぎ寸法や形態を安定します（保形性）
②衣服のシルエットを形成します（成形性）
③表地の必要な部分にハリやコシを持たせます（風合い）
④部分的に厚さや硬さを与えて衣服に重厚感を持たせます

⑤パッカリング（縫い目に沿って規則的な小ジワができること）を防ぎ、縫いやすくします（可縫性）

（2）芯地の種類
ア　接着の有無
（ア）非接着芯地

紳士用スーツなどにフラシ芯地（毛芯など）を使います。

（イ）接着芯地

芯地の必要なほとんどの衣服に使います。表素材の種類により接着が難しいものや、企画によっては非接着芯地を使います。

イ　組織の種類
（ア）織物芯地

昔から使われてきた代表的な芯地です。強度が大きく、ドレープ性があります。

（イ）編物芯地

表地がニットの場合、その伸縮性を損なわない芯地です。

（ウ）不織布芯地

不織布を使った芯地で、衣服用芯地の大部分を占めます。軽くて速乾性があり、裁断がしやすくて使いやすく安価な芯地です。

ウ　接着性能
（ア）完全接着芯地（永久接着芯地）

（イ）仮接着芯地

縫製工程で表地に一時的に接着するタイプです。

3. ボタン

ボタンは点による開閉機能を持つ留具の一種です。広くはスナップ、ホックなども含まれます。

（1）ボタンの素材別分類

ボタンの素材は天然素材、合成樹脂素材、金属素材その他に大別されます。

（2）主なボタンの原料と特徴
ア　カゼインボタン

牛乳を原料とするカゼイン樹脂を主体に作られる汎用性のあるボタンです。「ラクトボタン」ともいいます。ウールの風合いによくマッチし、衣料全般に用いられていますが、若干のホルマリンを含むので幼児向きは不可です。

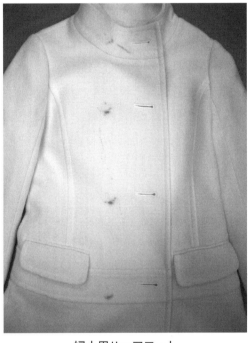

婦人用ハーフコート
石油系ドライクリーニングでプラスチックボタンの色が生地に着色した事故

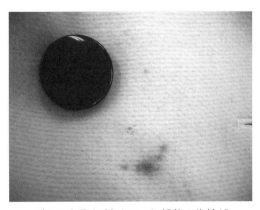

ボタンを取り付けていた部分の生地が
着色している

イ　ナイロンボタン

　ポリアミド系樹脂を原料にしたプラスチックボタンです。強度があり、割れにくく耐摩耗性があります。後染め用のローコストボタンとして軽衣料を中心に使用されています。耐熱度が低いのでアイロンに注意が必要です。

ウ　アクリルボタン

　メタクリル酸樹脂を原料にしたプラスチックボタンで「パールボタン」ともいいます。透明度が良く光沢もあります。堅ろう度は心配なく、広範囲な衣料に使われています。

エ　ポリエステルボタン

　石油から作られるポリエステル樹脂を原料にしたボタンです。パール光沢や天然調で、ワイシャツをはじめ広範囲に使用されています。衝撃で割れやすいので注意が必要です。

オ　ユリアボタン

　尿素樹脂などを原料としたボタンです。「バイフルボタン」ともいいます。不透明な美しい色で広く使用されています。堅牢度は良好です。

カ　ABSボタン

　ABS樹脂〔A（アクリロニトリル）B（ブタジエン）S（スチレン）〕を原料にしたプラスチックボタン。硬くて割れにくい素材ですが特に丈夫ではありません。扱いやすいので樹脂メッキボタンの大半を占めています。

キ　エポキシボタン

　エポキシ樹脂を原料としたボタンです。エポキシ樹脂は、接着剤にも使用されている粘性のある液体で、その接着性の良さを利用してプラスチックや金属等のメッキパーツの凹み部分に流し込んで使われます。

ク　金属ボタン

　銅、亜鉛、鉄、ニッケル、真鍮（しんちゅう）、アルミなどを原料に、注型やプレスによって作られるボタンです。「黄銅ボタン」ともいいます。メッキが自由にでき、切削加工、プレス加工に最適です。学生服、婦人スーツ、ブレザーなど幅広く使われている。

ケ　天然素材のボタン

　木、竹、ナット、骨、角、革、貝などを素材としたボタンです。天然の素材故に一つひとつが微妙に異なります。

- 木のボタンは、柘植（つげ）、樺（かば）、黒檀（こくたん）、オリーブ、樺（かば）やブナ、ラワンなどを材料として作られています。
- 竹を素材としたものは、アイロンやプレス等で樹液の色が落ちて他の衣類を汚す恐れがあります。
- ナットボタンは、南米のエクアドルが原産のタグア椰子という椰子の実の種を輪切りにして切削して作られています。
- 水牛の角ボタンでは、割れる事故、白い筋が発生する事例があるので注意が必要です。
- 貝ボタンは、白蝶貝、黒蝶貝、高瀬貝、広瀬貝、阿古屋貝、玉貝などから作られています。美しい形状を持ちますが、クリーニング、プレス時に割れる事故例が多いので注意を要します。

4. ファスナー

　「留める」あるいは「つかむ」の意味からきた留具、締具のことで、線による開閉機能を持っています。面ファスナーを除き構造は、務歯〔むし〕、スライダー（開閉部分）、テープの3つの部分からできています。

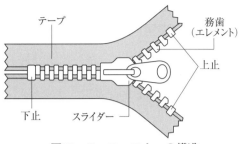

図Ⅳ－8　ファスナーの構造

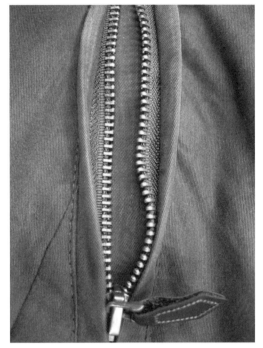

ファスナーの金属成分と染料が反応して
変色事故が発生

(1) 金属ファスナー

- 洋白〔ようはく〕(注1) 製は酸化、変質などに強く、硬度、粘りの高い高級品で一般衣料品向きです。
- 真鍮〔しんちゅう〕(注2) 製は一般に広く使われており、強い力を要求されるものに適しています。

　　用途：小型袋物、カバン

(注1) 洋白は、銅と亜鉛、ニッケルから構成される合金。洋銀ともいいます。

　　•参考　五百円硬貨は、銅72％、亜鉛20％、ニッケル８％の合金製です。

(注2) 真鍮は、銅60-70％、亜鉛40-30％の黄銅製

　　•参考　五円硬貨は、銅60-70％、亜鉛40-30％の黄銅製です

(2) 樹脂ファスナー

　ナイロンファスナー、ポリエステルファスナーは吸水性が低いので耐洗濯性に優れ、軽く薄く、しなやかです。務歯も染色可能で、衣料と同色に染まり、一般衣料向きです。その他にコンシールファスナー、ビスロンファスナーがあります。

(3) 面ファスナー

　商標のマジックテープ又はベルクロファスナーで知られる、面として留める留具です。テープ又は布に加工された先の曲がった無数のパイル（フック）と、相手の布の無数の輪（ループ）とを合わせるだけでしっかりと面で留め、軽くはがせます。

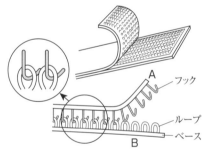

図Ⅳ－9　面ファスナーの構造

5. 肩パッド

　「パッド」とは「詰め物をする」「芯を入れる」という意味で、体型の欠点を補うために衣服に入れる詰め物を指しています。

(1) 肩パッドの機能
①シルエットを形成します
②シルエットを保ち、形くずれを防ぎます

(2) 肩パッドの種類

　大別するとセットインパッドとラグランパッドの２種類があります。

（注）セットイン：“決まる”“定まる”の意味で
普通の袖の服
ラグラン：襟ぐりから袖下にかけ斜めに
ゆったり切り替わった袖の服

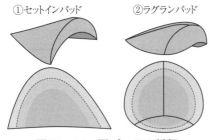

①セットインパッド　②ラグランパッド

図Ⅳ-10　肩パッドの種類

(3) 肩パッドの構造と素材

肩パッドは素材の組合せによってつくられるものと、素材単体でつくられるものの

2通りあります。

ア　組合せ（積層）肩パッド

（ア）構造

上布（表布）・下布（底布）・中わたで、素材は使用目的で選択します。

（イ）素材

上布は主にポリエステルです。肩パッドの硬さや表素材との相性で綿、ウールもありますが、下布とともにナイロン、ポリエステルや不織布も使われています。中わたはポリエステル、ナイロンの樹脂綿です。

イ　素材単体肩パッド

ウレタンや不織布などの角状材をスライスしてカットしたものです。

COLUMN
物販系分野のBtoC(企業から消費者)のEC取引（消費者向け電子商取引）の市場規模

電子商取引に関する市場調査
単位：億円(下段は前年比)

分類	2019年		2020年	
	市場規模	EC化率	市場規模	EC化率
生活家電・AV機器・PC・周辺機器等	18,239 10.76%	32.75%	23,489 28.78%	37.45%
衣類・服装雑貨等	19,100 7.74%	13.87%	22,203 16.25%	19.44%
食品、飲料、酒類	18,233 7.77%	2.89%	22,086 21.13%	3.31%
生活雑貨、家具、インテリア	17,428 8.36%	23.32%	21,322 22.34%	26.03%
書籍、映像、音楽ソフト	13,015 7.83%	34.18%	16,238 24.76%	42.97%
化粧品、衣料品	6,611 7.75%	6.00%	7,787 17.79%	6.72%
自動車、自動二輪車、パーツ等	2,396 2.04%	2.88%	2,784 16.19%	3.23%
その他	5,492 4.79%	1.54%	6,423 16.95%	1.85%
合計	100,515 8.09%	6.76%	122,333	8.08%

物販系分野のBtoC-EC市場規模の内訳をみると、「生活家電・AV機器・PC・周辺機器等」（2兆3,489億円）、「衣類・服装雑貨等」（2兆2,203億円）、「食品、飲料、酒類」（2兆2,086億円）、「生活雑貨、家具、インテリア」（2兆1,322億円）の割合が大きく、これらの上位4カテゴリー合計で物販系分野の86%を占めている。新型コロナウイルス感染症拡大の影響で、全カテゴリーにおいて市場規模が大幅に拡大した。アパレル製品(表の衣類・服装雑貨等)は、メーカーから出荷後いくつかの流通経路を経て消費者に提供される。その経路には、直販、専門店流通、百貨店流通、量販流通、通信販売流通、EC取引(ネット流通)などがある。アパレル製品の流通は、最近では百貨店流通が減少し、セレクトショップなどの専門店流通やEC取引が大きく拡大している。

EC取引(消費者向け電子商取引)
BtoB：企業間取引(BusinesstoBusiness)の略称。企業が企業へモノやサービスを提供するビジネスモデル
BtoC：BusinesstoConsumerの略称。企業がモノやサービスを直接一般消費者に提供するビジネスモデル

出典：経済産業省「電子商取引に関する市場調査」

第5章　繊維についてのQ＆A

Q1　衣料品の布地とは？

A　布地は大別して織物とニット（編物）になります。

（1）織物

　織物は、経糸〔たていと〕と緯糸〔よこいと〕を組合せてつくります。経糸に使われる糸、緯糸に使われる糸は同素材、同番手のものとは限られておらず、組成の異なる糸、太さの異なる糸の組合せでつくられる場合もあります。柄をつくるためには、糸の配列を考え織組織〔おりそしき〕によって表現します。織物は、最後に整理加工され、各々特徴に合った風合い、表面が出来上がります。原料や織物のつくり方によって各々の持つ物性値が異なりますので、最適なクリーニング方法も異なります。織物をよく知ることが、よりよいクリーニングにつながります。

　平織、綾織、繻子〔しゅす〕織を三原組織といいます。

注）　繻子織は、朱子織とも書きます。

（2）ニット（編物）

　織物が縦・横の2方向の糸によってつくられるのに対して、ニットは、1本の糸からつくられます。編む（ループを連結する）ことによって伸縮性のある布地となり、柔らかい糸を使って通気性、保温性のあることも特長です。織物よりも伸び縮みに対する回復性がありますから、クリーニングにおいてはその特性を理解して取り扱うことが肝要です。

　横方向（コース）に連続した編目（ループ）で作られた布地を緯編〔よこあみ〕（横編・丸編・靴下編）といい、縦方向（ウェール）に連続した編目（ループ）でつくられた布地を経編〔たてあみ〕といいます。

Q2　皮革製品とは？

A　「皮と革」、一般的には「皮」とは動物の毛を除いた生皮、「革」はこの生皮を加工した、なめし（鞣し）皮のことをいいます。

（1）皮革の欠点

- 熱に弱く、高熱を受けると硬化、収縮する
- 水に濡れると柔軟性が変化しやすい（硬くなる）
- カビやすい
- 汚れやシミが深部まで浸透しやすく、落ちにくい
- 染色性が弱く、洗浄すると色が出る
- 皮質が一定でない。同一の動物の皮でも各部分によって組織が異なる

（2）皮革製品の受付

　皮革の欠点を理解し、クリーニングに際

しては受付け時点の点検を十分に行い、問題点は、お客様と確認する必要があります。

実際のクリーニングは状態に見合った特殊クリーニングになります。また、不使用期の保管に関しても十分注意が必要です。

Q3　合成皮革とは？
A　合成皮革は、ポリウレタン系樹脂やアクリル系樹脂をニットや織物にコーティング（又はラミネート）したもので、外観上、皮革に似せている素材です。

合成皮革製品は、経時劣化（時間が経つと自然に劣化する）の起きやすい製品のため、日常の保管にも注意が必要です。湿気や、日光の直射などは避けなければなりません。

経時劣化は、生地の製造直後からはじまっていますので、購入して間もない製品でも、既に劣化している場合があります。

上記のほかに塩化ビニル樹脂を使用したものに関しては、ドライクリーニングで硬化して着用できなくなる場合がありますから、ポリ塩化ビニルの表示のある場合は、十分注意が必要です。

合成皮革の劣化

Q4　複合繊維とは？
A　性質の異なる2種類以上のポリマーを口金（ノズル）により複合した繊維で、コ

ンジュゲート繊維ともいいます。

ポリマーとは高分子の有機化合物です。合成繊維を紡糸するとき、異なる成分の紡糸液を一つの紡糸孔へ送り出し、2層構造を持たせたもので、熱処理を行うと、2成分間の収縮性の差により、捲縮〔けんしゅく〕が生じ、かさ高性と伸縮性をもつようになります。

合繊メーカー各社から多くの素材が市販されています。

Q5　ＳＵＰＥＲ表示ウールとは？
A　ＳＵＰＥＲ表示とは、ウールの原料（繊維）の細さを示すもので、繊度（繊維の太さ）の細い原毛を使用した毛織物のことです。19.75ミクロンをSuper80'sとし、原毛の直径が0.5ミクロン細くなるごとに、Super表示が10大きくなります。18段階で設定され、Super170'sはカシミヤ並みの15.25ミクロン。最大はSuper250'sの11.25ミクロンで、ウール製品の世界貿易にかかわる諸問題を討議するＩＷＴＯ（国際羊毛繊維機構）が定義を定めています。

品質表示には毛もしくはウール、羊毛としか表示されていませんが、メーカーがアパレルに支給する別ラベル等には、Super100'sなどと表示されています。通常の毛織物よりもフェルト化などが生じやすいことに注意して取り扱う必要があります。

Q6　ストレッチ素材とは？
A　ストレッチ素材は、ゴムのように伸び縮みする「ポリウレタン弾性糸」を用いたものが中心です。この素材製品は、着用時にバギング（膝や肘の抜け）が発生することがありますので、受付け時、外観の確認が必要です。

高温の乾燥やスチームによる処理で糸が伸縮性を失い、元に戻らなくなることがあ

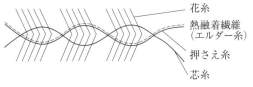

図Ⅳ－11　ポリウレタン弾性糸を使用した
ストレッチ糸の構造例
中心を通る黒い糸が、ポリウレタン弾性糸

> プリーツは
> 素材によって
> 加工方法が
> 違うよ

ります。また、ポリウレタン糸は染色堅ろ
う度が低いため、濃色染めのものは移染す
ることがあるので注意が必要です。

Q7　モール糸とは？

A　モール糸は、「モールヤーン」ともい
い、芯糸に花糸を挟み込んでつくってあり
ます。花糸が脱落しないようにするには熱
融着繊維を使用するのが有効ですが、風合
いを重視する海外製品などでは熱融着繊維
を使用しない場合があります。

　また、モール糸には方向性があり、揉ん
だり、こすられたりすると一方向に移動す
る性質があるため、引っ掛けなどによって
引き出されたモール糸は元に戻りにくい欠
点があります。クリーニングの際はクリー
ニングネットを使用し、他のものとの摩擦
に注意すること、また、クリーニング前に
既にモール糸の飛び出しや、花糸の脱落が
起こっていると、クリーニングの物理作用
でそれらが増長されるので、事前にお客様
と確認する必要があります。

花糸
熱融着繊維
（エルダー糸）
押さえ糸
芯糸

図Ⅳ－12　モール糸の構造

Q8　プリーツ加工の方法は？

A　プリーツ（ひだ）加工は、素材によっ
て加工方法が異なります。

　加工法に対して不適切な条件が加わると
プリーツは消失しますから、どのような方
法でプリーツ加工が施されているかを知
り、適切な取扱いが望まれます。

（1）セルロース系繊維（レーヨン、ポリノジック、キュプラなど）

- 機械的につけたプリーツの場合、水分などが付着すると、プリーツが消失します
- 樹脂加工でプリーツを付与した場合、樹脂が脱落するとプリーツが消失します

（2）合成繊維（ポリエステル、ナイロンなど）

- 熱セットでプリーツを付与した場合、加工した温度以上でプレスされるとプリーツが消失します

（3）毛

- 樹脂加工でプリーツを付与した場合、樹脂が脱落するとプリーツが消失します

Q9　繊維製品が縮む原因とは？

A　繊維製品が縮む原因は次の4つです。

（1）繊維の膨潤による収縮

　天然繊維や再生繊維は水分を吸うと繊維が膨潤し太さが増します。このため、糸の捲縮〔けんしゅく〕（クリンプ）が増大し間隔が減少して布地の構造が変化するため収縮が発生します。レーヨン、綿などの特徴的な収縮挙動です。

（2）フェルト化による収縮

　毛繊維の表面にはスケールと呼ばれるウロコがあります。このスケールは、水分吸収すると開いた状態になるため、繊維同士が絡み合って組織が乱れてフェルト化が発生、硬くなって収縮します。これは毛繊維特有の収縮挙動です。ドライクリーニングでも溶剤中の水分が多いとスケールが開いた状態となり、これに機械力が働いて収縮が発生することがあります。

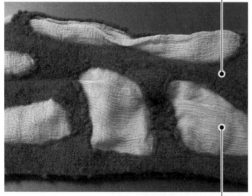

太い糸を使用した厚い編地

細い糸を使用した薄い編地

ウールのセーター
太い糸を使用した厚い編地部分にフェルト化が
生じています

（3）熱による収縮

　合成繊維は紡糸されるとき、熱で伸ばされて（延伸工程）細い繊維が作られます。また、仕上げ時にも熱セットされています。その温度より高温では繊維の分子構造に変化が起こり、繊維に加えられていた張力（セット）が緩み、収縮が発生します。
　その程度は繊維の種類、紡糸時の加熱温度などによって異なります。

（4）緩和による収縮

　布地は製造中や仕上げ時に受けた張力により、主として引っ張りの歪みを受けていますが、自然に放置されたときや水分を吸収したとき、あるいはスチームを与えられたとき、これらの影響を受けて布地が元の安定した状態（寸法）に戻るときに起こる収縮です。天然繊維、化学繊維に関係なく発生しますが、綿、麻、毛、絹等親水性の天然繊維に顕著です。

Q10　染料と顔料の違いとは？

A　染料と顔料の大きな違いは、繊維との親和力があるかないかです。

　染料は繊維内に浸透し、繊維と結合するのに対し、顔料は繊維との結合がないため、接着用樹脂（バインダー）によって、繊維の表面に固着している状態です。したがって、顔料染めの場合は、摩擦堅ろう度が弱いこと、また、テトラクロロエチレンによるドライクリーニングでは、接着用樹脂（バインダー）が溶けたりする場合があるので注意が必要です。

　プリントものなどでは注意しますが、無地物などの場合、見ただけでは染料染めか顔料染めかは分かりにくいので、表示が 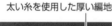 になっているような場合などは、確認や予備テストをするなどして適正

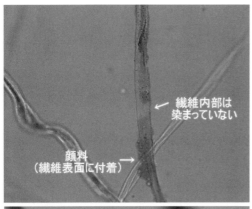

繊維内部は
染まっていない

顔料
（繊維表面に付着）

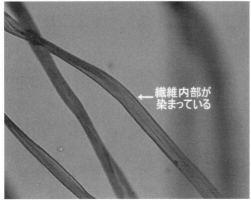

繊維内部が
染まっている

（出典：東京都立産業技術研究センターのホームページ）

顔料と染料で染色された繊維
染料で染色された繊維は、繊維内部が染まっている

な処理方法を決める必要があります。

Q11　人工毛皮とは？

A　人工毛皮は、織物、編物の表面に長い
パイルを持ったもので、天然の毛皮に似せ
たイミテーションファー・フェイク
ファー・エコファーと、独自の特徴を活か
したハイパイルとがあります。

パイルにアクリル又はモダクリル（旧ア
クリル系）が使われていることが多く、熱
による収縮、変形を起こしやすいので、ク
リーニングに当たっては、低温乾燥（ドラ
ム入口　60℃以下）とします。

特に、モダクリル繊維を使用した製品
は、一旦蒸気により変化した毛羽乱れの回
復はできないため、蒸気は絶対あてないよ

うにします。また、レーヨン使いのものは
水分により変化しやすいので注意が必要です。

受付時には毛倒れ、
スレ脱毛などを
チェックします

Q12　金属繊維とは？

A　金属繊維は、ステンレスや銅、鉄、ア
ルミニウム、ニッケル、錫〔すず〕などの
金属を細く伸ばしたもので、綿や毛、ポリ
エステルなどと交織するほか、混繊糸もつ
くられます。ステンレス糸を帯電防止用と
してカーペットや作業服に使ったり、銅糸
を水虫予防用として靴下に使ったりする例
もあります。

最近は、様々な製品に金属繊維が使われ
ていますが、次の欠点があります。

①着用時や洗濯などで発生したシワが取
　り除きにくい

②衣服の縫い目で細い金属フィラメント
　が切断されると、着用時にチクチクし
　た不快感が生まれやすい

③金属の種類によっては洗濯時に変色す
　ることもある

金属繊維使用衣類と知らずに着用してい
るお客様が少なくありませんので注意が必
要です。

導電する金属繊維を親指と人差し指に縫い付けた手袋。装着したままタッチパネルが使える

Q13　衣料害虫の食害とは？

A　衣料害虫が好んで食害するのは毛製品だけで、それ以外の素材は食害を受けないような印象があります（衣類に虫が付いて穴が開くのは、害虫が繊維を食べているから）。しかし、食べこぼしのシミや汗がある場合など、毛以外の素材でも食害されることがあります。

（1）事故の防止対策

　利用者の使用や保管の段階において衣料害虫による食害を受けないよう防虫剤など

を適正に使用して対応することが基本です。しかし、クリーニングにおいては、食害による事故であるにもかかわらず、原因がクリーニングによるものと利用者から誤認されないよう対応することが最も重要です。品物を受け付けてから返却するまでの間、何ら問題なく必要な処理を完了したことを証明するためには、受付け時及び返却時に異常がないこと（あるいは異常があること）を相互確認することや、異常を発見した場合は、速やかに利用者に連絡すること等の対応が必要です。

（2）目視によるチェック

　繊維を食害する虫は、ヒメマルカツオブシムシ、カツオブシムシ、イガ、コイガの4種類の幼虫です。このうちイガとコイガは食害して噛み切った繊維を材料に、自らが吐糸した繊維を絡ませて巣を作るため、食害による損傷部が目立たなくなっていることがあります。また、ニットでは、糸1本が噛み切られただけでも大きな穴開きに拡大することがあります。受付段階での確認が困難であることも考えられるため、引渡し前の最終点検、又はそれ以前の工程での目視でのチェックが重要となります。

COLUMN
衣類輸入2.7兆円、中国から58.5%

　2021(令和3)年1〜12月の衣類輸入状額は2兆6672億円で前年比102.3%であった。
　国別のトップは中国が1兆5597億円でシェアは58.5%を占めた。2位以下はベトナム（14.4.4%）、バングラデシュ（4.8%）、カンボジア（4.6%）、インドネシア（3.2%）、イタリア（3%）、ミャンマー（2.8%）、タイ（1.5%）、インド（0.9%）、マレーシア（0.7%）と続いた。ASEAN（東南アジア諸国連合）のシェアは全体の29.9%、EUは4.7%であった。

出典：日本繊維輸入組合（日本貿易統計より）

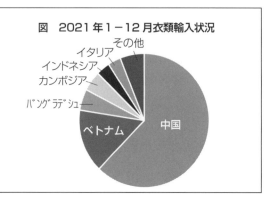

図　2021年1−12月衣類輸入状況

参考資料

Part 5

参考資料１
クリーニング事故賠償基準
（運用マニュアル）　　　　　　128

参考資料２
カウンターでの接客　　　　　　145

参考資料３
念押しの言葉　　　　　　148

参考資料４
電話応対の注意　　　　　　149

参考資料５
参考文献、試験・検査機関、他　　　　　　151

参考資料1　クリーニング事故賠償基準（運用マニュアル）

第1条（目的）

　この賠償基準は、クリーニング業者が利用者から預かった洗たく物の処理または受取および引渡しの業務の遂行にあたり、職務上相当な注意を怠ったことに基づき法律上の損害賠償責任を負うべき場合に、大量のクレームを定型的に処理するための合理的基準を設定し、これにより公平かつ効率的にトラブルを解決するとともに、利用者の簡易迅速な救済を図ることを目的とする。

(1) クリーニング業務の範囲

　（イ）利用者から洗たく物を預かってからお返しするまでの間は、その洗たく物はクリーニング業者の支配圏にあります。配送中、保管中を含めて利用者の手を離れている間は、クリーニング業者には下記の注意義務並びに賠償責任があります。

　（ロ）宅配業者や保管業者、あるいはクリーニング処理の下請け業者など、履行補助者の業務委託先を含めて、すべてクリーニング契約を結んだクリーニング業者の支配圏にあることから、クリーニング業者が賠償の義務を負うことになります。

(2)「職務上相当な注意を怠ったこと」とは…

　クリーニング業者は、利用者との間で洗たく物を預かって保管した上で返却すること（寄託契約）と、クリーニング処理を施すこと（請負契約）の2つを約束しています。

　このことからクリーニング業者には次のような注意すべき義務が存在します。したがって、これらの注意義務のいずれかを怠った場合に「職務上相当な注意を怠ったこと」となります。

　（イ）利用者からクリーニングの依頼を受けた洗たく物の機能、汚れの質と量、汚れの放置期間、染色の堅牢度などを的確に把握すること（洗たく物の状態把握義務）。

　（ロ）（イ）の義務を尽くした上で、その洗たく物についてクリーニング処理が不可能な場合はクリーニングの引受けを断り、クリーニング処理が可能な場合には、最も適正なクリーニング処理方法を選択すること（適正クリーニング処理方法選択義務）。

　（ハ）本基準第2条の2に規定されている通り、洗たく物の受取及び引渡しに際して利用者と品物の状態について可能な限り相互確認をし、（イ）、（ロ）の履行に必要な内容に関して説明を行うこと（処理方法等説明義務）。

　（ニ）（ロ）で選択し、（ハ）で説明したクリーニング処理方法を完全に実施すること（クリーニング完全実施義務）。

　（ホ）利用者から預かった洗たく物を適正な状態で引き渡すこと（受寄物返還義務）。

(3)「法律上の損害賠償責任を負うべき場合」とは…

　（イ）クリーニング業者は、職務上必要とされる注意義務、すなわち「洗たく物の状態把握義務」、「適正クリーニング処理方法選択義務」、「処理方法等説明義務」、「クリーニング完全実施義務」「受寄物返還義務」のいずれかを怠り利用者に損害を与えた場合には、請負契約上の債務不履行に該当し、利用者に与えた損害を賠償しなければなりません。

　（ロ）クリーニング業者は、（イ）で述べた注意義務を尽くし、従って請負契約不履行の賠償責任を負わない場合であっても、洗た

く物に損傷等の過失が発生した場合には、利用者に対し賠償責任を負わなければなりません（民法第634条第2項）。

（ハ）クリーニング業者が、不注意により利用者から預かった洗たく物を紛失、損傷などした場合には、利用者に対して寄託契約（民法第657〜665条）不履行を理由として賠償責任を負うことになります。

（ニ）クリーニング業者が、利用者から預かった洗たく物を故意または過失により紛失、損傷などした場合には、利用者に対して不法行為に基づく賠償責任を負うことになります（民法第709条）。

なお、上記（イ）ないし（ハ）の賠償責任と不法行為に基づく賠償責任は重複することがあります。

第2条（定義）

この賠償基準において使用する用語は、次の定義にしたがうものとする。

(1)「クリーニング業者」とは、利用者とクリーニング契約（寄託契約と請負契約の混合契約）を結んだ当事者をいう。

(2)「賠償額」とは、利用者が洗たく物の紛失や損傷により直接に受けた損害に対する賠償金をいう。

(3)「物品の再取得価格」とは、損害が発生した物品と同一の品質の新規の物品を事故発生時に購入するのに必要な金額をいう。

(4)「平均使用年数」とは一般消費者が物品を購入したその時からその着用をやめる時までの平均的な期間をいう。

(5)「補償割合」とは、洗たく物についての利用者の使用期間、使用頻度、保管状況、いたみ具合等による物品の価値の低下を考慮して、賠償額を調整するための基準であって、物品の再取得価格に対するパーセンテージをもって表示された割合をいう。

(1)「クリーニング業者」とは…

（イ）利用者とクリーニング契約を結んだ者が当事者となります。したがって、委託取次店はもとより宅配業者などが集配を行い、あるいは委託（提携）先がクリーニング処理を行うなどの業態であっても、事故が発生した際にはクリーニング契約当事者がクレーム処理の窓口として責任をもって解決にあたります。

（ロ）洗たく物の受取及び引渡しや保管を宅配業者等の第三者が行う場合であっても、これらの履行補助者はクリーニング契約の当事者ではないことから、事故原因が履行補助者にあっても、利用者に対しての賠償責任は契約当事者たるクリーニング業者が負います。

(2)「賠償額」について…

（イ）洗たく物の紛失や損傷に伴う事故のうち、一般的に損害賠償の対象となるのは、その洗たく物自体に生じた損害であることが明らかになった場合です。

（ロ）賠償額の算定に関連して、クリーニング代金の扱いが問題となり得ますが、事故の原因がクリーニング業務にあるときは、クリーニング業者はクリーニング代金の請求を放棄することとなります。

(3)「物品の再取得価格」とは…

（イ）「購入するのに必要な金額」とは、事故が発生した時のその物品の標準的な小売価格をいいます。ただし、例えば、時期遅れのためバーゲン品として売り出された物品やリサイクルショップ等で古着として購入した物品のように、事故発生時の標準的な小売価格と著しく異なる場合で、クリーニング業者または利用者が購入価格を明らかにした時は、購入価格を基準として再取得価格を定めます。

（ロ）物品購入時の価格が判らず、なおかつ
　　事故発生時に物品が販売されていないた
　　め、再取得価格が不明な場合は、本基準第
　　5条が適用されます。

(4)「平均使用年数」とは…
　（イ）衣類などの使用開始から、その使用を
　　　やめるまでの平均的な期間をいいます。た
　　　とえば、衣服などの使用をやめる理由とし
　　　ては、流行遅れ、着飽きた、似合わなく
　　　なった、サイズが合わなくなったなどの理
　　　由も含まれているので、平均使用年数は単
　　　なる物理的に使用不能になるまでの期間
　　　（いわゆる耐用年数）とは異なります。
　（ロ）ただし、素材等の特性により耐用年数
　　　に限界が認められるものについては、品目
　　　に関わらず平均使用年数を設定しています
　　　（別表1「商品別平均使用年数表」№1～
　　　5参照）。

第2条の2　（説明責任）
　クリーニング業者は洗たく物の受取及び引
渡しをしようとするときは、あらかじめ、利
用者に対し、洗たく物の処理方法等を説明す
るとともに、この賠償基準を提示しなければ
ならない。
2　クリーニング業者は、洗たく物の受取及
び引渡しをしようとするときは、洗たく物の状
態を利用者とともに確認しなければならない。

(1)「説明」とは…
　（イ）クリーニング業者は、クリーニング業
　　　法第3条の2（平成16年施行）の規定に
　　　基づき、利用者擁護の観点から、処理方法
　　　等の説明や苦情の申し出先の明示が求めら
　　　れています。加えて、本基準を適用するク
　　　リーニング業者は、万が一事故が発生した
　　　際に本基準に基づき賠償する旨をあらかじ

め利用者に提示することを求められます。
（ロ）「説明義務」は膨大な洗たく物すべてに
　　掛かるものではありません。クリーニング
　　業法並びに本基準が求めているのはあくま
　　でも《クリーニング事故防止＝利用者利益
　　の擁護》です。
　　　日常的に扱うワイシャツ1点1点にまで説
　　明義務は及ぶものではないと解釈されます。
（ハ）説明が必要となる洗たく物としては、
　　扱ったことない素材や取扱い表示のない製
　　品、事故が頻発している素材を用いた衣
　　類、完全に落ちるか不明な汚れが付いた衣
　　類、特殊クリーニングが必要な衣類など、
　　プロの目から見てリスクを伴う可能性の高
　　い品物が該当します。利用者は、自分の衣
　　類にこれらのリスクが内在することを知ら
　　ないのが普通です。どのようなリスクが内
　　在し、プロとしてどう処理するのかについ
　　て、あらかじめ説明が必要となります。
（ニ）クリーニング処理工程において万が一
　　事故が発生した場合であっても、原因を究
　　明したうえで、できるだけ早く利用者に連
　　絡し、必要な説明と対処を行うことが必要
　　となります。
（ホ）洗たく物の受取及び引渡しについては、
　　宅配業者が行う場合や、ロッカー等対面方
　　式に拠らない方法もありますが、その場合
　　にあっても、洗たく前に検品を行ったうえ
　　で、電話やインターネット等を通じて品物
　　の状態や処理方法等について事前に説明
　　し、了解を得ることが必要です。
（ヘ）これらの説明を怠った場合、クリーニ
　　ング業者は、本基準第3条の「利用者また
　　はその他の第三者の過失により事故の全部
　　または一部が発生したこと」、または「職
　　務上相当の注意を怠らなかったこと」の立
　　証が困難になることがあります。

(2)「洗たく物の状態を利用者とともに確認しなければならない（相互確認）」とは…

（イ）前項の「説明」をしっかり行うためにも、またクリーニング事故を未然に防止するためにも、洗たく物の状態を相互確認することが不可欠です。洗たく物に穴があく事故が発生した場合、鑑定等で原因が虫食いと判明しても、それがいつ生じたかについては特定できません。預かる前なのか、預かっている間なのか、返却後なのかは、受取及び引渡し時に相互確認をしていなければ特定することはできません。

（ロ）前項の「説明」同様、店頭で1点1点細かくチェックすることは困難です。しかも、非対面方式による受け渡し方法さえ行われています。しかし、それらの場合であっても、洗たく前の検品でリスクが明らかになった場合は、必要に応じて品物の状態について相互確認を行うことが必要です。

（ハ）これらの相互確認を怠った場合、クリーニング業者は、本基準第3条の「利用者またはその他の第三者の過失により事故の全部または一部が発生したこと」、または「職務上相当の注意を怠らなかったこと」の立証が困難になることがあります。

[参考]
クリーニング業法第3条の2（平成16年施行）（略。クリーニング業法逐条解説参照）

[参考]
重要事項確認書（例）

右の書面は、必要な説明を行う際に用いることが望まれる重要事項確認書の一例です。

お客様に書面を提示しながら必要事項を説明し、その都度、チェックボックスに☑を入れていく方法です。

チェック（説明）が完了したら、お客様にサインをいただけるとよいでしょう。

また、複写式にしてお客様控えをお渡しできると一層効果的です。

なお、本事例は「お預かり伝票」を作成する段階で、既に処理方法等の説明は終了しているとの前提に立っています。

重要事項確認書（例）

□お預かりした品物・点数・処理方法
「お預かり伝票」に記載の通りです。

□ご返却予定日
□　　年　　月　　日　　　時以降となります。
□「お預かり伝票」に記載の通りです。

□事故が発生した場合の対応方法
□特約に基づき対応します。
□クリーニング事故賠償基準に基づき対応いたします。
※「クリーニング事故賠償基準」については、下記にてご確認ください。
□裏面　　□当社ホームページ（http://　　　　　　　　）
□全国クリーニング連合会ホームページ（http://www.zenkuren.or.jp）

□特約事項
□特殊加工等（　　　　　　　　　　　　　　　　）
□保管期間等（　　　　　　　　　　　　　　　　）
□賠償方法等（　　　　　　　　　　　　　　　　）

□お問い合わせ先（苦情等の申出先）
□「お預かり伝票」に記載の通りです。
□　○○クリーニング（03・****・****）

上記内容について説明を受け、了承しました。
　　　　年　　月　　日

お客様署名欄

131

第3条（クリーニング業者の責任）

　洗たく物について事故が発生した場合は、クリーニング業者が被害を受けた利用者に対して賠償する。ただし、クリーニング業者が、その職務の遂行において相当の注意を怠らなかったこと、および利用者またはその他の第三者の過失により事故の全部または一部が発生したことを証明したときは、その証明の限度において本基準による賠償額の支払いを免れる。

２　クリーニング業者は、利用者以外のその他の第三者の過失により事故の全部または一部が発生したことを証明したときは、その他の第三者により利用者への賠償が迅速かつ確実に行われるよう、利用者を最大限支援しなければならない。

基準第3条第1項について

(1) クリーニング業者の賠償責任は、第1条およびこれに関連する運用マニュアル中の解説に示されている『職務上相当な注意を怠ったこと』を理由とする過失責任です。いわゆる無過失責任ではありません（本条ただし書により、十分な証明を行うことによって、クリーニング業者も賠償責任を免れることができます）。

　もっとも、洗たく物について事故が発生した場合には、専門家としてのクリーニング業者に比し利用者の知識・情報が著しく劣っていることから、利用者の救済を促進するため、証明がなされるまでは一応クリーニング業者に過失が存在し、その過失と損傷との間に因果関係が存在するものと推定することにしました（過失の推定）。

(2) ただし書に基づくクリーニング業者の『証明』に利用者が納得しない場合は、利用者およびクリーニング業者は、第三者機関の鑑定を求めることができます。なお調査費（＝鑑定料等）については、最終的には過失の割合に応じて該当者が負担することが望まれます。

(3) クリーニング業者が証明するために必要な相当の期間が経過するまでは、本条による賠償の履行期は到来しないものとします。

(4) どのような場合でも、クリーニング業者が自らの賠償責任を免れるためには、まず、自身が職務上相当な注意を怠らなかったことを証明しなければなりません。

(5) 現代ではクリーニング業者の業務内容が複雑化しているため、洗たく物の預かり過程（取次店等を含む）、保管過程および配送過程など、厳密な意味でのクリーニング作業以外の工程において事故が発生することがあります。しかし、たとえばこれらの業務が外部者に業務委託されている場合でも、とくに利用者との関係においては、その工程にクリーニング業者の支配が及ぶものとみなし、業務委託先の過失もクリーニング業者自身の過失と同視することが、利用者保護の観点からは望ましいことです。

　したがって、クリーニング業者の業務上の支配圏にある者は、本条ただし書の「その他の第三者」には含まれません。たとえクリーニング業者が自身の支配圏に属するこれらの者の過失を証明できたとしても、監督責任の見地から、クリーニング業者は賠償責任を免れることはできません（たとえば配送事故等）。

(6) 衣料品には、クリーニングの利用者自身の扱いが原因で事故が発生することも予想されます。この場合には、当然に過失相殺が適用されますので、クリーニング業者の賠償金額は利用者の過失の割合に応じて減免されま

す。事故の一部についての利用者の過失については、迅速な賠償を行うために、その過失割合を3割または5割とします。

　もっとも、クリーニング業者が、利用者がいつどこでどのように衣料品を損傷させたかというような個別的・具体的事情を正確に証明することはほとんど不可能です。したがって、『利用者の過失により事故の全部または一部が発生したこと』の証明は、当該事故の原因が通常は利用者の衣料品の使用方法等にあると合理的に推測できるような客観的・一般的な事情を証明することで足ります。

(7) 衣料品の素材や加工技術等が奇抜化するとそれに反比例する形で衣料品の耐クリーニング性が低下し、事故が発生しやすくなります。また、衣料品の販売までの間の展示・保管等の不適切な処理によって、事故が発生することもあります。その場合に賠償責任を負担するのは、衣料品メーカーや衣料品販売店等、クリーニング業者の支配の及ばない「その他の第三者」です。

　このようなその他の第三者の過失をクリーニング業者に立証させるのは、利用者と比べて、クリーニング業者が衣料品の素材・製造過程やその流通過程について豊富な知見・情報を有しているからです。本条ただし書の立証責任の転換によって、利用者は、クリーニング業者以外のその他の第三者の責任を追及すべき場合にも、立証の負担をクリーニング業者に転嫁することができます。この点でも、本条は利用者保護の立場を徹底しています。

(8) クリーニング業者自身にも事故の一部について過失があるときは、その他の第三者との過失の割合について争いが生じると、利用者への迅速な賠償が妨げられるおそれがあります。クリーニング業者とその他の第三者の両者に過失がある場合は、原則として、賠償額

(利用者の過失がある場合には過失相殺を行った後の額)を5割ずつ賠償するものとします。

基準3条第2項について

(1) 前項で述べたとおり、クリーニング業者は自身の責任を免れるために、『その他の第三者の過失』を立証しなければならないことがあります。

　クリーニング業者に一切の責任がないことを立証できたときは、その他の第三者がその過失に応じて利用者に対して事故の全部または一部について賠償責任を負うことになります。その場合、たしかに法的責任としてはクリーニング業者はもはや賠償の当事者ではなくなりますが、しかし、クリーニング業者の立証の過程・手段などは、利用者がその他の第三者に対して賠償を請求する際に、大変有効な資料となることは明らかです。

　そこで、クリーニング業者は、その他の第三者の過失を証明する際に用いた資料等を利用者に提供するなど、利用者の賠償請求を十分にサポートしなければなりません。

(2) クリーニング業者自身にも事故の一部について過失があるときは、その他の第三者は残りの部分について責任を負います。その場合、利用者は、クリーニング業者とその他の第三者の双方に対して賠償を請求することになります。しかし、利用者に直接的に接しているクリーニング業者のほうが、利用者にとっては身近な存在であることも多いでしょう。したがって、クリーニング業者は、その他の第三者と話し合った上で、クリーニング業者とその他の第三者の事故の負担分の合計額について賠償をすることが望まれます（クリーニング業者からその他の第三者への求償を妨げません）。

(3) クリーニング業者自身に事故の一部について過失があり、その他の第三者に残りの部分の責任がある場合は、その第三者が倒産するなどクリーニング業者との話し合いが事実上できない状況にあるときは、クリーニング業者は、自身の負担部分についてのみ賠償をすれば足ります。

[参考－事故の類型と責任分類例]

この基準は、大量のクレームを迅速かつ定型的に処理する目的で作られています。したがって、賠償基準３条の規定の運用において事故発生の原因がいずれにあるかを迅速に確定する必要があります。このため、数多い事故を類型化し、責任所在別に分類したものを下表の通り例示します。

ただし、事故の原因はきわめて多様であり、個々のケースについては必ずしもこの通りでない場合がありますので、実情に即した慎重な判断を要します。

主責任体	事 故 原 因 例
利用者	①利用者がつけた食べこぼし、香粧品、泥ハネなどのシミで、正常なクリーニング処理技術で除去できないもの ②利用者がつけた汗ジミで、正常なクリーニング処理技術で除去できないもの。また、クリーニングの熱処理で浮き出たものも含む ③利用者の着用摩擦による自然消耗が、クリーニング処理で目立ったもの ④利用者がつけたタバコの火や、利用者がストーブに触れたための焼け焦げ、収縮、変色、損傷 ⑤利用者の保存中における虫くいによる穴あき ⑥利用者の保存中にガスやカビによって変退色したもの ⑦利用者の行ったシミ抜き、漂白、糊付、洗たくなどが原因で、クリーニングで脱色、変退色、収縮、硬化、損傷が目立ったもの
アパレルメーカー・販売業者等	①著しく染色不堅牢なために発生した脱色、色なき、移染、変退色 ②汗の付着による変色が、適正な取り扱いにも拘らずクリーニングで浮き出たもの。ただし、薬剤の服用による特異な汗を除く ③プリーツ加工が弱いために、プリーツが消えたもの ④不適当な縫製のためにほつれたり、サイズ不適のため着用により糸ずれになったものが、クリーニングで拡大したもの ⑤その製品の機能に不適合な素材を用いたため発生した事故 ⑥付属品、装飾品、裏地、組み合わせ布地などの組み合わせが不適切であったために発生した事故 ⑦誤表示が原因で発生したクリーニング事故
クリーニング業者	①一般繊維製品のドライクリーニングによる再汚染。ただし、ドライクリーニングをしなければならない製品であって、ドライクリーニング溶剤で粘着性を帯び、汚れが吸着しやすくなるようなものは当然除かれる ②クリーニング業者が行ったシミ抜きや漂白による脱色、変退色、損傷 ③クリーニング機械による裂け、穴あき、脱落、すれ ④クリーニング中にファスナー、ホック、バックルなどに引っかかって生じた裂け、穴あき、すれ ⑤ドライクリーニングにおける洗浄液中の水分過剰、タンブラー温度の高すぎ、洗浄及び乾燥処理時間の長すぎによる毛製品の縮充収縮。ただし、半縮充製品や利用者の着用による縮充部分の、ドライクリーニングによる縮充の促進事故を除く ⑥ウエットクリーニングのミスによる緩和収縮事故で、正常なクリーニング処理技術で修正不可能なもの。ただし、生地の地詰め不十分に起因する緩和収縮事故を除く ⑦取扱い表示を無視して、表示よりも強いクリーニング処理をしたために発生した事故 ⑧その製品に適した標準的クリーニング処理をしなかったために発生した事故

第４条（賠償額の算定に関する基本方式）

賠償額は、つぎの方式によりこれを算定する。ただし、利用者とクリーニング業者との間に賠償額につき特約が結ばれたときは、その特約により賠償額を定める。

> 賠償額＝物品の再取得価格 ×
> 物品の購入時からの経過月数に
> 対応して別表に定める補償割合

(1) この規定は、事故を起こした洗たく物が着用することができない状態（全損またはみなし全損）にあって、クリーニング業者がその品物を引き取る場合の賠償額を定めるものです。事故の程度が軽く、利用者が品物を引き取り、引き続き使用するものの品物の価値が減じている場合は、部分損としてその割合に応じて賠償することになります。

(2) 賠償額算定の特例
　（イ）背広上下など、２点以上を一対としなければ着用が困難な品物については、片方（一部）に事故が生じた場合でもその全体に対して賠償しなければなりません。ただし、利用者が一対のもののうち１点だけをクリーニングに出し、かつクリーニング業者が一対のものの一部であることを知らされていない場合は、クリーニングに出された一部のみの賠償でよいとされています。

　　なお、このケースで、一対の全体の価格がわかっているものの１点ごとの価格が不明の場合、下記の比率を目安とします。
　　　○ツーピース　　　　上衣 60％
　　　　　　　　　　　ズボン（スカート）40％
　　　○スリーピース　　　上衣 55％
　　　　　　　　　　　ズボン（スカート）35％
　　　　　　　　　　　ベスト 10％

　（ロ）①約束した引渡し日に洗たく物が利用者に引き渡されない場合で利用者が代替品を賃借した時の料金、
　　　②利用者が損害賠償請求にあたって、あらかじめ、クリーニング業者などの同意を得て負担した調査費（ただし調査費は最終的には過失割合に応じて該当者が負担することが原則になります）、
　　　③その他特別の事情による費用の支出を利用者が行っている場合、などは、この基準で定める賠償額に上乗せしてもよいものと解釈されます。
　（ハ）物品購入時の価格がわかっていても、事故発生時に物品が販売されていないため、事故発生時の標準的な小売価格が不明のときは、「購入時の価格×消費者物価指数（次頁表参照）」の算式で算出します。

(3) 該当品の製造元が既に存在しない等の事由で確認できず、かつ客も領収書等の控えがなく、販売（購入）価格が判明しない場合は、本基準第５条を準用します。

(4) 特約を結ぶことが望ましい例…
　（イ）かたみの品、記念品などの主観的価値の高い品物
　（ロ）ビンテージ物、骨とう品など、希少的価値の高い品物
　（ハ）海外での購入品など代替性のない品物
　（ニ）取扱い表示、縫い付けタグ等がない品物、切り取られている品物

(5) 経過年数とは…
　　物品の購入日（贈与品の場合は贈り主の購入日）から、クリーニング業者がクリーニングを引き受けた日までの月数をいいます。この間、着用しないで保管していた期間も含まれます。

消費者物価指数の推移

全国年平均の換算値（2015年を100として算出）

年	換算値
1989（平成 1）年	88.5
1990（平成 2）年	91.2
1991（平成 3）年	94.3
1992（平成 4）年	95.8
1993（平成 5）年	97.1
1994（平成 6）年	97.7
1995（平成 7）年	97.6
1996（平成 8）年	97.7
1997（平成 9）年	99.5
1998（平成 10）年	100.1
1999（平成 11）年	99.8
2000（平成 12）年	99.1
2001（平成 13）年	98.4
2002（平成 14）年	97.5
2003（平成 15）年	97.2
2004（平成 16）年	97.2
2005（平成 17）年	96.9
2006（平成 18）年	97.2
2007（平成 19）年	97.2
2008（平成 20）年	98.6
2009（平成 21）年	97.2
2010（平成 22）年	96.5
2011（平成 23）年	96.3
2012（平成 24）年	96.2
2013（平成 25）年	96.6
2014（平成 26）年	99.2
2015（平成 27）年	100
2016（平成 28）年	99.9
2017（平成 29）年	100.4
2018（平成 30）年	101.3
2019（平成31/令和1)年	101.8
2020（令和 2）年	101.8
2021（令和 3）年	102.1

出典：総務省統計局

第5条（賠償額の算定に関する特例）

　洗たく物が紛失した場合など前条に定める賠償額の算定によることが妥当でないとみとめられる場合には、つぎの算定方式を使用する。

(1) 洗たく物がドライクリーニングによって処理されたとき

　　　　……クリーニング料金の40倍

(2) 洗たく物がウエットクリーニングによって処理されたとき

　　　　……クリーニング料金の40倍

(3) 洗たく物がランドリーによって処理されたとき

　　　　……クリーニング料金の20倍

(1) 洗たく物が紛失した場合でも、物品の再取得価格、購入時からの経過月数に対応して別表に定める補償割合が明らかであるときは、本条によるクリーニング料金基準の賠償額算定をするのではなく、本基準第4条に定める原則的な賠償額算定をしなければなりません。

(2)「紛失した場合など」の「など」に該当するものとして、次のような場合があります。
　（イ）盗難
　（ロ）自家出火による火災、クリーニング業者の過失を伴う自然災害等により洗たく物が滅失した場合
　（ハ）特殊品で「商品別平均使用年数表」が適用しにくいとき
　（ニ）洗たく物が原形をとどめない位に破損したため、「物品購入時からの経過月数に対応する補償割合」が適用しにくいとき

(3) 特殊クリーニングによる処理の場合の賠償額は、ランドリーと同様、クリーニング料金の20倍となります。

(4) ここでいうクリーニング料金とは、消費税を抜いた金額をいいます。

　消費税は預り金なので、それを20倍、40倍にはせず、消費税を除いた本体価格から算定します（賠償額には「消費税」の概念はありません）。

第6条（賠償額の減縮）

第3条の規定に関わらず、以下の各号については賠償額を減縮することができる。

(1) クリーニング業者が賠償金の支払いと同時に利用者の求めにより事故物品を利用者に引き渡すときは、賠償額の一部をカットすることができる。

(2) クリーニング業者が洗たく物を受け取った日より90日を過ぎても洗たく物を利用者が受け取らず、かつ、これについて利用者の側に責任があるときは、クリーニング業者は受け取りの遅延によって生じた損害についてはその賠償責任を免れる。

---

(1) クリーニング業者が洗たく物の価値の全額を賠償した場合、事故品の所有権はクリーニング業者に移ります。賠償金を受け取った利用者が、その事故品の返還を希望する場合は、両者合意の金額に賠償額を減額することができます。

(2)「受け取りの遅延によって生じた損害」とは…

利用者が品物を引き取りに来ない間に、クリーニング業者の責任でない理由で損害が発生した場合を指します。具体的には次のようなケースが該当します。

（イ）受け取りが遅延している間にクリーニング店が類焼（自家以外からのもらい火）した場合の損害

（ロ）受け取りが遅延している間に生じた変退色・虫食い

第7条（基準賠償額支払い義務の解除）

利用者が洗たく物を受け取るに際して洗たく物に事故がないことを確認し異議なくこれを受け取ったことを証する書面をクリーニング業者に交付した時はクリーニング業者は本基準による賠償額の支払いを免れる。

2　利用者が洗たく物を受け取った後6ヶ月を経過したときは、クリーニング業者は本基準による賠償額の支払いを免れる。

3　クリーニング業者が洗たく物を受け取った日から1年を経過したときは、クリーニング業者は本基準による賠償額の支払いを免れる。ただし、この場合には、次の日数を加算する。

(1) その洗たく物のクリーニングのために必要な期間をこえて仕事が完成した場合には、その超過した日数。

(2) 特約による保管サービスを行った場合には、その保管日数。

(3) その洗たく物のクリーニングのために必要な期間をこえて仕事が完成したのち、継続して特約による保管サービスを行った場合には、超過日数と保管日数を合算した日数。

4　地震、豪雨災害等、クリーニング業者の責めに帰すことのできない大規模自然災害により、預かり品が滅失・損傷し、洗たく物を利用者に返すことができなくなったときは、民法の規定に基づき、クリーニング業者は預かり品の損害の賠償を免れる。

---

(1) 第1項は、第2条の2第2項で規定されている相互確認を行っていたとしても、それだけでは後日クレームが発生しても賠償責任は免れず、利用者が確認書にサインすることが必要であるとしています。

(2) 第2項では、利用者が品物を受け取った日から半年以上経過して苦情を申し入れた場

合、クリーニング業者は賠償の責任がないとしています。現実的には半年以上経過した後に持ち込まれた苦情に対しても賠償する事例が多数見受けられますが、第2条の2に規定されている説明責任を果たし本基準に基づき賠償する旨を事前に伝えていれば、本項に基づき賠償義務は解除されます。

(3) クリーニング業者が洗たく物を受け取った日から1年を経過したものはクリーニング業者は賠償責任を免れますが、これに利用者の責任外の日数や特約による保管期間等があった場合は、利用者が不利益を被らないよう、該当日数が加算されます。

(4) 第2項の「6ヶ月」、第3項の「1年」という日数について、いずれも長すぎるという声がある一方、妥当だとする意見も同等にあります。本基準第2条の2第2項で規定する相互確認を行い、本条第1項に規定する書面を交付することで期間の制約は解除されますので、可能な限り実行することが望まれます。

(5) 一方で、利用者の多くが受け取った洗たく物の検品をせず、ポリ包装がかかったままの状態で次の着用時まで放置しているケースが大多数を占めています。このため、「6ヶ月」という規定となっています。受け渡し時に、収納前の検品や包装材の取り外しについて、

〔参考〕
受取完了確認書（例）
　右の書面は、クリーニング品の返却時の相互確認の際に用いることが望まれる受取完了確認書の一例です。
　お客様に書面を提示しながら必要事項を説明し、その都度、チェックボックスに☑を入れていく方法です。
　チェック（説明）が完了したら、お客様にサインをいただけるとよいでしょう。
　また、複写式にしてお客様控えをお渡しできると一層効果的です。

受取完了確認書（例）

　　　　　　　　　　　　　　クリーニング店殿

□　　　年　　月　　日に依頼したクリーニング品　　　　点について、なんら異常ないことを確認し、受け取りました。

□特記事項

　□後日、経時的な変化により異状が顕在化した際は、お申し出ください。

　□ただし、クリーニング事故賠償基準に基づき、本受領日より6ヶ月が経過した品物については、事故原因が当店にあった場合であっても賠償には応じられませんのでご了承ください。

上記内容について説明を受け、了承しました。
　　　年　　　月　　　日

　お客様署名欄

クリーニング業者はしっかりと説明すること
が求められます。

(6) 地震や豪雨災害等、クリーニング業者の責
　めに帰すことのできない大規模自然災害に
　よって預かっている洗たく物が滅失・損傷し
　た場合、民法の規定に基づきクリーニング業
　者はその賠償責任は免れます。ただし、ク
　リーニング業者が災害保険等に加入してお
　り、滅失・損傷した洗たく物について補償を
　得ているときは、利用者はその代償の譲渡を
　請求することができます。

(7) 大規模自然災害による洗たく物の滅失・損
　傷の際のクリーニング料金の取り扱いについて
　（イ）通常の場合、クリーニング業者は洗た
　　く物の返還義務を免れますが、この際反対
　　給付（クリーニング料金）を受ける権利は
　　失います。既に料金を受領しているとき
　　は、返還しなければなりません。
　（ロ）引き取りを催告したにもかかわらず利
　　用者が受け取りに来なかった洗たく物が滅
　　失・損傷した場合
　　　クリーニング業者は、預かり品が滅失し
　　た場合は債務の履行義務を免れ、損傷した
　　場合は、損傷した物を返還すればよいとさ
　　れます。一方、利用者はこの場合であって
　　も、クリーニング料金を支払う必要があり
　　ます。

第8条（クリーニング事故賠償審査委員会）
　この賠償基準の適用に関して、利用者とク
リーニング業者との間に争いを生じたとき
は、当事者の一方からの申出にもとづきク
リーニング事故賠償審査委員会がその判断を
示すこととする。同委員会の構成等は、別に
定めるところによる。

「判断」とは…
　（イ）一審にあたる都道府県に設置した審査
　　委員会は、賠償責任に関する判定、賠償額
　　に関する算定等を行います。
　（ロ）二審にあたる中央に設置した審査委員
　　会は、賠償基準の運用・解釈等に関する疑
　　義への回答、ならびに都道府県審査委員会
　　の審査結果に対する是非の判断を行う機関
　　です。
　（ハ）両審査委員会においても、原則として
　　あっせん、調停、仲裁の機能は有しません。

商品別平均使用年数表

別表 1

分類	品目	No.	品種・用途等	素材	備考	使用年数	特殊	ドライ	ウェット
加工品	特殊加工品	1		ウレタンフォーム貼り製品、ボンディング加工品		2			○
		2		コーティング品(透湿性防水加工布、カラーコーティング、パラフィン加工布、オイルクロス等)		2		○	○
		3		ゴムコーティング品	ゴムコーティング製品、ゴム裏貼り製品、気泡性ゴム引布製品	3	○		
		4		エンボス加工品	加工部分にのみ適用	2		○	○
		5		プリント加工品、フロック加工品	加工部分のみに適用	2		○	○
繊維製品	羽毛製品(羽毛ふとんは除く)	6		絹・毛	ダウンジャケット、ダウンコート等	3	○	○	
		7		その他		4		○	○
	絹紡品	8				2	○		○
洋装製品	背広	9	夏物	絹・毛		3		○	
	スーツ	10	〃	その他		2		○	○
	ワンピース類	11	合冬物			4		○	
	ジャケット	12	夏物			2		○	○
	ブレザー	13	合冬物	獣毛高率混		3		○	
	ジャンパー	14	〃	その他		4		○	○
	スラックス類	15	夏物		替ズボン、スラックス、ジーパン、パンタロン、カジュアルパンツ等	2		○	
		16	合冬物			4		○	
	スカート	17	夏物		タイトスカート、フレアスカート、キュロット、プリーツスカート、ジャンパースカート等	2		○	○
		18	合冬物			3		○	
	礼服	19	礼服		モーニング、タキシード、えんび服、ジャスポン等	10		○	
		20	略礼服			5		○	
	ドレス類	21			イブニング、アフターヌーン、カクテル、カクテルウェディングドレス等	5		○	
	コート	22		獣毛高率混	オーバーコート、半コート、レインコート、ダスターコート、ポンチョ、ライナー等	3		○	
		23		その他		4		○	○
	室内着	24		毛	ラウンジウェア、ナイトガウン、キルティングガウン、バスローブ等	5		○	
		25		その他		2		○	○
	制服	26	作業衣		白衣、看護衣、理美容衣、作業衣等	1			○
		27	事務服			2		○	○
		28	学生服		学生服、セーラー服等	3		○	○

140

分類	品目	No.	品種・用途等	素材	備考	使用年数	ドライ	ウェット	特殊
繊維製品 — 洋装品	セーター類	29		獣毛高率混	セーター、カーディガン、ベスト等	2			○
		30		その他		3		○	
	シャツ類	31			Tシャツ、ポロシャツ	2	○		○
	ワイシャツ類	32		絹・毛		3		○	
		33		その他	ワイシャツ、カッターシャツ	2	○		○
	ブラウス	34				3	○		
	下着類	35	ファンデーション及びランジェリー						
		36	防寒下着	毛		3		○	
		37	肌着	絹		2		○	
		38	〃	その他		1	○		○
繊維製品 — 洋装用品	手袋	39				1			○
	スカーフ	40		絹・毛		3		○	
		41		その他		2	○		○
	マフラー	42		絹・毛		3		○	
		43		その他		2	○		○
	ストール	44				2		○	
	ネクタイ	45		パナマ・フェルト		3			○
	帽子	46		その他		1			○
繊維製品 — スポーツ用品	スポーツウェア	47			トレーニングウェア、スポーツ用ユニフォーム、水着、剣道着、柔道着、スキーウェア、ゴルフウェア、スポーツシャツ、レインウェア、ウィンドブレーカー等	2	○		
	特殊スポーツ用品	48		絹	剣道防具等	3			○
繊維製品 — 和装品	礼服	49		絹	打掛、留袖、振袖、喪服、男紋服、紋付羽織、はかま、帯（丸帯、袋帯）等	15			○
	礼装品	50		その他		10			○
	外出着	51		絹	訪問着（付下げ・色無地・小紋・お召）、本袖、絵羽織、和装コート、道行、はかま、帯（名古屋）等	10			○
		52		その他		5			○
	普段着	53			普段着（袖・ウール着物・木綿着物、茶羽織、絹羽織等	4			○
	家庭着・長じゅばん	54			室内着、木綿着物、つけ帯）、帯（半巾帯）	3		○	

参考資料

141

分類	品目	No	品種・用途等	素材	備考	使用年数	ランドリー	ウエット	ドライ	特殊
和装品	丹前	55				4			○	
	ゆかた	56				2	○			○
	ショール	57	絹・毛			5			○	
		58	その他			2		○	○	
	和装肌着、小物	59			和装用スリップ、帯あげ、帯じめ、羽織ひも等	2	○		○	
	足袋	60				1	○			○
乳幼児着	乳幼児着	61	祝い着			5			○	○
		62	遊び着			1	○			
		63	その他			2		○	○	
繊維製品（寝装品）	毛布	64		毛		5			○	
		65		その他		3	○		○	
	タオルケット	66				2	○			○
	ふとん	67	羽毛ふとん			10				○特
		68	羊毛ふとん			10			○	
		69	こたつふとん			3		○	○	
		70	その他のふとん		洋ふとん、肌掛ふとん、掛敷ふとん、夏掛ふとん、キルトケット、座ぶとん等	4			○	
	シーツ	71				2	○	○	○	
	かや	72				5	○			
	寝着	73			ねまき、パジャマ等	2			○	○
	カバー類	74	ふとん類		マットレスカバー、まくらカバー、シーツ、座ぶとんカバー、こたつカバー等	2	○		○	○
	ベッド用品	75	ベッドスプレッド			3		○		○
室内装飾品	カーテン	76	薄地	ポリエステルを除く		1	○			
	のれん	77	その他			3	○		○	
	床敷物	78	カーペット	毛		10			○	
		79	〃	その他		5			○	
		80	簡易敷物		三笠織、平織、菊水織等	5			○	
	カバー類	81	レースししゅう品			5		○	○	
		82	その他		ピアノカバー、いすカバー、シートカバー、テーブルクロス等	2		○	○	○

分類	品目	No.	品種・用途等	素材	備考	使用年数	ドライ	ウエット	特殊
繊維製品 特殊衣類、営業務用類	リース、貸衣裳及び営業用、接客用、舞台衣装等	83		絹・毛		2	○		○
		84		その他		1	○	○	○
その他	幕、のぼり	85				5	○	○	
	クッション、ぬいぐるみ	86				3	○	○	○
毛皮製品 毛皮	外衣	87		うさぎ、チンチラ		2			○
		88		オポッサム、ラム類、キャット類		5			○
		89		リンクス、フォックス類、ビーバー、ウィーゼル類、ヌートリア、ムートン、ミンク、セーブル類		10	○		
	インテリア	90		うさぎ		2			○
		91		ムートン		5	○		○
		92		その他		10			○
	その他	93		うさぎ		2			○
		94		その他		5	○		○
人造毛皮	人造毛皮	95		合成毛皮、ハイパイル		2	○		○
皮革製品	外衣	96		ぶた、爬虫類		3			○
		97		その他		5			○
	バッグ	98				5			○
	靴	99				2			○
	その他	100		爬虫類	財布等	5			○
		101		その他		3			○
人造皮革	外衣	102		人工皮革		3	○	○	
		103		合成皮革(塩化ビニル、コルクレザー)		2	○		
		104		合成皮革(ポリウレタン(樹脂))		3	○	○	
	バッグ	105		人造皮革		3			○
		106		布組合せ		2			○
	靴	107		人造皮革、布組合せ		1	○		○
	その他	108				2	○		○

註1．商品区分／商品例に入っていない商品については、最も品質の近い商品の平均使用年数を適用する。
註2．処理方法欄における○印は、通常行われる商品別のクリーニング処理方法を示したものである。なお、特殊欄の○印は、品目・素材に応じた専門のクリーニング処理方法をいう。
註3．商品区分の素材において
「絹」とは、毛に絹を80％以上使用しまたは絹まじの絹を表地に使用しているものをいう。
「獣毛高混率」とは、アンゴラなど脱毛しやすい獣毛を60％以上含有するもの（表示のあるものに限る）をいう。

物品購入時からの経過月数に対応する補償割合

平均使用年数	1	2	3	4	5	10	15	補償割合		
購入時からの経過月数								A級	B級	C級
	1ヶ月未満	2ヶ月未満	3ヶ月未満	4ヶ月未満	5ヶ月未満	10ヶ月未満	15ヶ月未満	100%	100%	100%
	1～2 〃	2～4 〃	3～6 〃	4～8 〃	5～10 〃	10～20 〃	15～30 〃	94	90	86
	2～3 〃	4～6 〃	6～9 〃	8～12 〃	10～15 〃	20～30 〃	30～45 〃	88	81	74
	3～4 〃	6～8 〃	9～12 〃	12～16 〃	15～20 〃	30～40 〃	45～60 〃	82	72	63
	4～5 〃	8～10 〃	12～15 〃	16～20 〃	20～25 〃	40～50 〃	60～75 〃	77	65	55
	5～6 〃	10～12 〃	15～18 〃	20～24 〃	25～30 〃	50～60 〃	75～90 〃	72	58	47
	6～7 〃	12～14 〃	18～21 〃	24～28 〃	30～35 〃	60～70 〃	90～105 〃	68	52	40
	7～8 〃	14～16 〃	21～24 〃	28～32 〃	35～40 〃	70～80 〃	105～120 〃	63	47	35
	8～9 〃	16～18 〃	24～27 〃	32～36 〃	40～45 〃	80～90 〃	120～135 〃	59	42	30
	9～10 〃	18～20 〃	27～30 〃	36～40 〃	45～50 〃	90～100 〃	135～150 〃	56	38	26
	10～11 〃	20～22 〃	30～33 〃	40～44 〃	50～55 〃	100～110 〃	150～165 〃	52	34	22
	11～12 〃	22～24 〃	33～36 〃	44～48 〃	55～60 〃	110～120 〃	165～180 〃	49	30	19
	12～18 〃	24～36 〃	36～54 〃	48～72 〃	60～90 〃	120～180 〃	180～270 〃	46	27	16
	18～24 〃	36～48 〃	54～72 〃	72～96 〃	90～120 〃	180～240 〃	270～360 〃	31	14	7
	24ヶ月以上	48ヶ月以上	72ヶ月以上	96ヶ月以上	120ヶ月以上	240ヶ月以上	360ヶ月以上	21	7	3

備考　補償割合の中におけるA級、B級、C級の区分は、物品の使用状況によるものであり、次のように適用する。
　　　A級：購入時からの経過期間に比して、すぐれた状態にあるもの
　　　B級：購入時からの経過期間に相応して常識的に使用されていると認められるもの
　　　C級：購入時からの経過期間に比して、B級より見劣りするもの
　（例）　①ワイシャツの場合、エリ、袖等の摩耗状態で評価する。
　　　　　②補修の跡のあるもの、恒久的変色のあるもの等は通常C級にする。

参考資料2　カウンターでの接客

カウンターはお客様との接点、お店の顔です。経験の少ない方はもちろん、ベテランの方も初心にかえり、このマニュアルを活用してカウンターでの接客の仕方を見直しましょう。

1. 日頃の心がけ

- 開店の前には店の内外をよく掃除し、清潔にしておきましょう。
- レジスターの釣り銭やロールペーパー、お金の受渡し用トレイなどの確認を怠らないようにしましょう。
- カウンター周りや棚の整理、整頓をしましょう。帳簿、ボールペン、マークペン、ホチキス、預り証、ネームタグ、手提げバッグなどの整理、整頓、補充に気をつけましょう。出来上り品のカバーなどの破れ、汚れはないか、見出しシールが取れていないかにも気を付けましょう。
- 服装や身だしなみにも気を配ってください。チェックポイント：エプロン、ネクタイ、髪、ひげ、手、指先、口臭、足もと
- カウンターではいつも笑顔を絶やさないようにして、てきぱきした態度で接客しましょう。
- お客様の名前と顔は早く覚えるように努力しましょう。
- 預り証は誰が見ても分かるように丁寧に書きましょう。
- 品物の生地に、直接ホチキスでネームタグを付けないようにしましょう。
- ワイシャツの襟などへの直接の記名は厳禁です。
- カウンターに常時いることができない場合は、呼鈴などを用意する必要があります。
- いつもファッションの動向に気を配り、流行に敏感になるようにしましょう。
- 店頭にファッション誌や鑑賞用水槽（金魚や熱帯魚）などを置いて、順番待ちのお客様が退屈しないような工夫をしましょう。
- 従事者相互の連絡が容易につくようにしましょう。
- 閉店後にも清掃、整理整頓しましょう。

整理、整頓、清掃、清潔（4S）が大切よね!

2. お客様が来店されたときは

- 「いらっしゃいませ」と明るく挨拶します。
- カウンターにいなかった場合（店の奥にいた場合）は必ず「おそれ入りますが少々お待ちください」と声をかけます。カウンターに出たら「お待たせいたしまして申し訳ありません」と一言いいましょう。お客様をお待たせしないことが何よりも大切です。

3. 品物をお預かりするときは

- 預り証にお客様の氏名、住所、電話番号を書きましょう。

- 品物を1点ずつ丁寧に広げ、ボタン、付属品、ポケットの中をチェックして、品物の種類、色、特徴などを書き込みます。また、シミ、ほつれ、破れなどの有無を調べて、必要なときはお客様に確認して預り証に記入しましょう。

- お預かりした洗濯物をどのような方法で洗濯するかを説明するよう努めましょう。

- お金をいただくときは受け取った金額を確認して、「○○○円お預かりいたします」と声に出し、お釣りも「○○○円のお返しでございます」と手渡します。お釣りやレシートはトレイに入れてお渡しするように心がけましょう。

　なお、お金をいただいたときはすぐレジに入れず、お釣り、レシート、預り証をお渡しし、お客様が確認してからレジに入れるようにしましょう。

- お預かりした品物を丸めたり、投げたり、床に置いたりしないで、軽くたたむなどしてカゴなどに入れましょう。

4. 品物をお渡しするときは

- お客様から預り証を提出していただきましょう。

- 預り証を見ながら素早くお預かりの品物を出し、1点1点預り証と合わせながらお客様の前で確認します。受取り時から付属品などがなかったときは、そのことをお客様に念を押しましょう。

- シミが落ちないものは、なぜ落ちなかったかをよく説明し、了解していただきましょう。

- 洗う前の再チェックでポケットなどに入っていたものがあったときは、封筒に入れてお返ししましょう。

- 預り証をお持ちにならないで受取りに来られたお客様には、本人の確認ができた方のみに品物をお渡しします。その際、預り証控えにお客様のサインをいただきましょう。また、お渡しした年月日と「預り証なし」と記入して、従事者もサインをします。預り証控えはファイルにして保管しておきましょう。

- 品物を持ちやすいようにしてお渡しします。まだ仕上がっていない品物があったときは、預り証にその旨を記入し、預り証をお返しします。その際、預り証控えにも忘れずにチェックしましょう。

お金はきれいなトレイに入れて受渡ししましょう!

お客様ごとに品物を包むお店もありますよ

ポケットにハンカチが入っていました

5. 感謝の気持ちを言葉と態度で表す

- 品物をお預かりし、お客様がカウンターから離れるときに「ありがとうございます」、又は「お預かりいたします」と声をかけて、店を出られるときにもう一度「ありがとうございます」と挨拶しましょう。
- 品物をお渡しするとき「ありがとうございます」といい、お客様が店を出られるときに「ありがとうございます。またどうぞお越しくださいませ」と挨拶しましょう。
- お客様が店を出られてもすぐカウンターを離れずに、3秒くらいは頭を下げているような気持ちを心がけましょう。

6. お客様が重なったときは

- 後から来られたお客様に「いらっしゃいませ、おそれ入りますが少々お待ちくださいませ」と挨拶し、カウンターに出ることができる従事者が他にいる場合は応援を頼みましょう。応援でカウンターに出た者は、両方のお客様に「いらっしゃいませ」と挨拶します。この場合、特に順番に注意しましょう。
- 事情によって順番が前後するときは、お客様の了解を得ましょう。
- 混み合っているときは、品物全てに目が行き届かず受け付けてしまうおそれがありますので、必ず電話番号を確認し、あとで判明したことはお客様に連絡し、了解いただくようにします。
- 先のお客様が終わり、次のお客様の順番になったときは、「大変お待たせいたしまして申し訳ありません」と・言いい、それから受付けにかかりましょう。

7. クレームが発生したときは

- お客様の気持ちを損なわないよう、誠意をもって応対することが何よりも大切です。
- まずは「申し訳ございません」の一言を、お客様に必ず伝えるようにします。
- 相手の話をよく聞き、話の腰を折らずに最後まで聞き、メモを取るようにします。不満をいうことによって、お客様の感情が静まることも多いことを忘れずに応対しましょう。
- 常に冷静な気持ちを失わず、感情的にならないように応対しましょう。
- クレーム処理は、クリーニング店の責任のもとに対応します。たとえメーカーに問題があったとしても、お客様に対応を

任せることは、クリーニング店不信につながるので絶対に避けましょう。
- 悪質なクレーマーへの対応は、通常のお客様への対応とは異なります。
責任者に、どう対応するか事前によく相談しておきます。

参考資料3　念押しの言葉

お客様からの要望は、必ず念を押して、お互いに再確認しましょう。

1. 受取り時

- 「ポケットの中をお確かめいただいたでしょうか」

- 「シミ、変色、破損などはございませんか。何か気が付かれた点がございましたらお申し出ください」
- 「デリケートなお召し物は、クリーニングしますと風合いが損なわれる場合がありますのでご了承ください」
- 「お引取りのときは、必ず預り証をご持参ください」
- 状況を判断して、以下の言葉をつけ加えるとよいでしょう。

「万一、お約束の日時までできあがらない場合、事前に電話でご連絡いたします」

(1) クリーニングで生地が傷んだり、破れたりする可能性がある場合

- 「クリーニングによって生地を傷めるおそれがある場合、お返しすることがありますのでご了承ください」

- 「飾りボタンなどは品物によって、取り外す場合がありますのでご了承ください」

(2) 上下のもので片方だけの場合

- 「クリーニングによって上下の色や風合いに差が出る場合がありますのでご了承ください」

(3) シミが完全に除去しきれないと判断した場合

- 「このシミは完全に除去できないかもしれません」
- 「このシミを完全に除去しようとすれば、生地を傷めるおそれがありますので少しシミが残るかもしれません」

2. 引渡し時

- 「お客様の方でも異常がないかご確認ください」
- 「ポリ袋は保管用ではなく運搬用ですので、袋から出して保管してください」

参考資料4　電話応対の注意

1. 電話を受ける基本と準備

- 店にかかってくる電話の応対は、来店されたお客様との応対と同じであるという姿勢を忘れないようにします。

- 接客中に電話がかかってきたときは、できるだけ他の従事者が受話器を取り、接客業務を優先させます。やむを得ない場合は、必ずお客様にお断りしてから電話に出て、手短に応対し、長びくときには、接客中であることを告げて、こちらからかけ直すようにします。
- 電話の相手がたとえ友人や家族であっても、お客様を迎える店の中では、毅然とした態度を終始くずさないようにしましょう。
- 電話のそばにメモ用紙と筆記用具を用意しておき、用件を聞いたらすぐにメモし復唱して確認する習慣をつけましょう。
- 電話の声はこもって聞き取りにくいので、心持ち声を高くし、上を向いて話すようにすると、相手は聞きやすいものです。
- 電話がかかってきたときには、ベル3回以内で出るように心がけます。3回以上鳴り続けた後、またやっと出られたときは必ず「お待たせいたしました」と添えましょう。
- 長電話にならないように注意しましょう。

2. 電話の受け答えの注意

- 電話に出るときは「もしもし」といわずに受話器を上げたら「毎度ありがとうございます。○○クリーニングです」と、はっきり大きい声で告げます。
- 最初の会話で、相手方の名前と用件を聞きます。聞き取りにくかったときは、「誠におそれ入りますが、もう一度お聞かせいただけませんか」と聞き直しましょう。
- 「はい、かしこまりました」と了解の返答をしてから、用件の処理にあたります。

- 自分の担当外のことや分からない用件のときには、担当者又はその用件に詳しい人に代わってもらいます。
- 取次ぐ場合は、「○○さん、△△様から×××のご用件でお電話です」と相手の方や店内のお客様に聞かれても差しつかえないように、指名された人の名前や役職を呼び、相手方の名前と用件を手短に伝えます。また、電話の相手を待たせないようにすぐ代わりましょう。
- 取次ぎから代わった従事者は、「お待たせいたしました。私、××担当の○○でございます」と必ず担当や氏名を明らかにしてから用件に入ります。
- 担当者がいないときは、相手の電話番号を聞き、戻り次第電話させることを告げ、担当者に用件と電話番号を伝え、連絡してもらいます。
- 電話を切るときは、用件に応じて「毎度ありがとうございます」「承知いたしました」「かしこまりました」「よろしくお願いいたします」「ごめんくださいませ」など必ずしめくくりの言葉で結び、相手方が電話を切ってから静かに受話器を置きます。

3. 電話をかけるときの注意

- 何を話すのか目的をはっきりさせ、用件がいくつもある場合はあらかじめメモを取り、相手方の名前、番号を確認してから電話をしましょう。
- 相手方が受話器を取ったら店名、自分の名前を告げ、「○○様のお宅でございますか?」と電話をかけた相手先を確認し、「△△の用件でお電話させていただきました」と電話の目的を手短に伝えて、相手先の都合をうかがってから、用件に入ります。
- はじめての方や相手方が自分のことを知らないと思われる場合は、「○○町の△△クリーニング店でございます。私、受付担当の××と申しますが…」と、店の住所、店名、担当、氏名をはっきりさせると相手方は安心します。
- 用件が終わり、電話を切るときは、「お忙しいところ大変失礼いたしました。ごめんくださいませ」としめくくりの言葉を述べ、相手方が電話を切ってから静かに受話器を置きましょう。

はっきりと大きな声で!

お待たせいたしました

私、××担当の○○でございます

何を話すのか目的をはっきりさせ、メモを取り、相手方のお名前、番号を確認してから電話しましょう。

□□様のお宅でしょうか?

○○町の△△クリーニング店でございます

私、受付担当の××と申しますが…

顧客名簿

参考資料5 参考文献、試験・検査機関、他

参考文献

『クリーニングの基礎知識』 全国クリーニング生活衛生同業組合連合会

『クリーニングニュース』 同上

『技術情報』 同上

試験・検査機関
（代表を原則記載。出先組織もあり）

一般財団法人ケケン試験認証センター

〒113-0034　東京都文京区湯島3-31-1

中川ビル402号 （TEL03-5817-8230）

一般財団法人カケンテストセンター

〒103-0022　東京都中央区日本橋室町

4-1-22 日本橋室町四丁目ビル5F

（TEL03-3241-2545）

一般財団法人ニッセンケン品質評価センター

〒111-0051　東京都台東区蔵前2-16-11

（TEL03-3861-2341）

一般財団法人日本タオル検査協会

〒103-0013　東京都中央区日本橋人形町

3-4-5　日本タオル会館

（TEL03-3663-1091　⇒転送先　中四国

検査所　TEL0898-22-2086）

一般財団法人ボーケン品質評価機構

〒135-0001　東京都江東区毛利1-12-1

（TEL03-5669-1380）

一般財団法人日本繊維製品品質技術センター

〒108-0023　東京都港区芝浦3-13-16

（TEL03-6631-9452）

一般財団法人メンケン品質検査協会

〒170-0003　東京都豊島区駒込1-10-5

（TEL03-3943-3171）

公益財団法人日本繊維検査協会

〒103-0006　東京都中央区日本橋富沢町

8-10　綿商会館2F （TEL03-3662-4830）

東京都立皮革技術センター

〒131-0042　東京都墨田区東墨田3-3-14

（TEL03-3616-1671）

地方独立行政法人東京都立産業技術研究センター

〒135-0064　東京都江東区青海2-4-10

（TEL03-5530-2111）

全国クリーニング生活衛生同業組合連合会　　クリーニング綜合研究所

〒160-0011　東京都新宿区若葉1-5

全国クリーニング会館 （TEL03-5362-7201）

その他情報入手先 （ホームページ）

①首相官邸

②厚生労働省

③経済産業省

④環境省

⑤消費者庁

⑥国立感染症研究所

⑦独立行政法人国民生活センター

⑧WHO（世界保健機関）

⑨個人情報保護委員会

⑩一般財団法人日本消費者協会

⑪一般社団法人日本衣料管理協会

⑫日本繊維輸入組合

⑬公益社団法人 全国消費生活相談員協会

⑭法テラス(日本司法支援センター)

索引

A

ABS ボタン 118

N

NYLON 101

P

ＰＢＴ 101
ＰＥＴ 101
POLYESTER 101
PRTR 制度 15
ＰＴＴ 101

S

ＳＤＧｓ 18
ＳＵＰＥＲ表示ウール 122
Ｓ撚り 107

V

VOC 89

Z

Ｚ撚り 107

あ

アクリル 101
アクリル系 101
アクリルボタン 118
麻 96
預り証 32
汗堅ろう度 112
汗耐光堅ろう度 112
アセテート 100
圧縮収縮仕上げ 115
後処理 111
穴あき加工 113
亜麻 96
編物 108, 121
綾織 108
洗い張り 85

アルカリ減量加工 112
アルパカ 98
アンゴラ 98
アンゴラ山羊 98

い

生洗い 85
一般クリーニング所 11
糸染め 111
イミテーションファー 125
衣料害虫 126
引火性溶剤使用工場の立地規
　制 80
インフルエンザ 6

う

ウエットクリーニング 73, 81
ウォッシャー加工 112
ウォッシュ・アンド・ウェア性
　101
薄起毛加工 113
羽毛 105
裏地 116
上撚り 107

え

永久接着芯地 117
衛生加工 115
衛生法規 10
液体アンモニア加工 113
エコファー 125
エジプト綿 96
エポキシボタン 118
延反 109
エンボス加工 113

お

オイルコーティング 114
汚染 112
オパール加工 113
お申し出受付票 43

織物 108, 121

か

カーペットのクリーニング 86
海外の表示 64
改質レーヨン 100
海島綿 96
化学繊維 99
化学やけど v, 88
カシミヤ 98
カゼインボタン 117
絣染め 111
肩パッド 119
紙糸 105
ガラス繊維 103
仮接着芯地 117
革製衣料 55, 64
感染症 3, 5, 39
感染症対策 4
完全接着芯地 117
顔料 111, 124
緩和による収縮 124

き

既存不適格建築物 80
絹 99
揮発性有機化合物 89
擬麻加工 112
起毛加工 113
キャメル 98
吸汗加工 115
吸湿加工 115
吸湿・吸汗加工 115
キュプラ 100
業務従事者講習 14
金属繊維 103, 125
金属ファスナー 119
金属ボタン 118

く

クリーニング完全実施義務　29,
　47
クリーニング業　11
クリーニング業者の注意義務
　45
クリーニング業者の定義　47
クリーニング師　12
クリーニング事故賠償基準
　45, 128
クリーニング師の研修　14
クリーニング代金請求の放棄
　50
クリーニングの種類　73
グレーディング　109

け

毛　97
形態安定加工　115
毛皮のクリーニング　83
ケナフ　103
検針　110
検反　109
減量加工　112

こ

コインランドリー　11
抗菌加工　115
抗菌防臭加工　115
公衆衛生　3
合成繊維　100
合成皮革　122
酵素処理　112
黄麻　96
コーティング加工　114
コットンリンター　100

さ

サイザル麻　97
再取得価格　129
再生繊維　99
裁断　110

雑貨工業品品質表示規程　55, 64
酸化窒素ガス　iv
三原組織　108
三大合繊　100
サンフォライズ加工　115

し

シーアイランド綿　96
下撚り　107
指定洗濯物　7
指定用語　57, 94
シミ抜き　73
シミ抜きの手順　74
シャンプー洗い　86
ジュート　96
獣毛　97, 98
受寄物返還義務　29, 47
縮絨　109
樹脂加工　114
樹脂ファスナー　119
繻子織　108
抄繊糸　105
消毒　8
消毒効果を有する洗濯方法　8
消費者安全法　68
消費者基本法　68
消費生活センター　68
商品別平均使用年数　140
植物繊維　96
植毛加工　114
処理方法等説明義務　29, 45
シルケット加工　112
シワ加工　113
新型コロナウイルス感染症　4
人工毛皮　125
浸染　111
芯地　116
芯地接着　110

す

水質汚濁防止法　14
水溶性のシミ　74
水溶性汚れ　74
スケール　97

ストレッチ素材　122
スパンデックス　102
スポンジング　109

せ

精製セルロース繊維　105
制電加工　115
製品染め　111
精練　111
石油系溶剤　87
接着芯地　117
説明責任　47
セリシン　99
セレウス菌　3
繊維製品品質表示規程　55
繊維の膨潤による収縮　124
染色　111
染色堅ろう度　112
洗濯堅ろう度　112
洗濯処理記号　58
洗濯物の状態把握義務　29, 45
染料　111, 124

そ

双糸　106
組成表示　55
梳毛糸　107
損害賠償　44

た

大規模自然災害により滅失・損
　傷した預り品の取扱い　51
耐光堅ろう度　112
代替フロン　16
帯電防止加工　115
大麻　96
ダウン　105
竹繊維　104
経編　108
単糸　106
炭素繊維　103
反染め　111

ち

チーズ染め 111
長期間放置品 53
長繊維 96
超長繊維 96
苧麻 96

て

適正クリーニング処理方法選択
　義務 29, 45
テックス 107
テトラクロロエチレン 16, 87
デニール 107
電植加工 114
伝染病 5
電着加工 114
天然繊維 96
天然素材のボタン 118

と

銅アンモニアレーヨン 100
透湿防水加工 115
動物繊維 97
特殊クリーニング 73
特殊な汚れ 74
特定化学物質障害予防規則
　16
特定商取引に関する法律 68
特定プラスチック使用製品提
　供事業者 20
特定フロン 16
特化則 16
ドライクリーニング 73
ドライクリーニング堅ろう度
　112
ドライクリーニングの原理 78
トリアセテート 100
取扱表示 55
取次店 11

な

ナイロン 101
ナイロンボタン 118

ナイロン6 101
ナイロン66 101
捺染 111

に

ニット 108, 121

ね

熱による収縮 124

の

ノロウイルス 6

は

バイオウォッシュ加工 112
賠償額 49, 129
ハイパイル 125
白麻 103
パターンメーキング 109
抜食加工 113
はっ水加工 114
はっ水性 55
発泡加工 114
発泡プリント 114
半合成繊維 100
番手 107
バンブー繊維 104

ひ

ピーチ加工 113
ピーチスキン加工 113
皮革製品 121
皮革のクリーニング 84
ビキューナ 98
非接着芯地 117
ビニロン 102
表示事項 55
表示者名 58
漂白 111
平織 108
ピリング 103

ふ

ファスナー 118

フィブリル化 105
フィブロイン 99
フェイクファー 125
フェザー 105
フェルト化 97, 115
フェルト化による収縮 124
付記用語 62
複合繊維 122
物品の再取得価格 49
不溶性のシミ 74
不溶性汚れ 74
プラスチック資源循環促進法
　19
プリーツ加工 113, 123
プリント 111
フロッキー加工 114
フロック加工 114
フロン類 15

へ

ペーパーヤーン 105
変退色 112
ヘンプ 96
ベンベルグ 100

ほ

防汚加工 115
防菌加工 115
防菌防臭加工 115
紡糸 108
防臭加工 115
防縮加工 114
防水加工 115
紡績糸 107
放反 109
防虫加工 115
紡毛糸 107
ポケット検査 78
補償割合 49, 144
ボタン 117
ポリウレタン 102
ポリウレタン弾性糸 122
ポリエステル 101
ポリエステルボタン 118

ポリエチレンテレフタレート
　101
ポリ塩化ビニル　102
ポリトリメチレンテレフタレー
　ト　101
ポリ乳酸　102
ポリノジック　100
ポリブチレンテレフタレート
　101
ポリプロピレン　102
ボンディング加工　114

ま

マーキング　109
マーセライズ加工　112
摩擦堅ろう度　112
マニラ麻　97
丸洗い　85

み

水堅ろう度　112

む

無機繊維　103

め

綿　96
面ファスナー　119

も

モアレ加工　114
モール糸　123
モールヤーン　123
モダクリル　101
モヘヤ　98

ゆ

有機則　16
有機溶剤中毒予防規則　16
油性のシミ　74
油性汚れ　74
ユリアボタン　118

よ

羊毛　97
緯編　108

ら

ラウジネス　99
らくだ　98
ラミー　96
ラミネート加工　114
ランドリー　73, 76
ランドリー用水の条件　87

り

リネン　96
リネンサプライ　77
リヨセル　105

れ

レーヨン　99

ろ

ロープーマ　103
羅布麻　103

わ

わた染め　111
ワッシャー加工　112
和服のクリーニング　85

都道府県生活衛生営業指導センター

名　称	電話／ファクシミリ	郵便番号	所　　在　　地
北海道	TEL. 011-615-2112 FAX. 011-615-2113	060-0042	札幌市中央区大通西16-2　北海道浴場会館1F
青森県	TEL. 017-722-7002 FAX. 017-722-7025	030-0812	青森市堤町2-16-11　理容会館1F
岩手県	TEL. 019-624-6642 FAX. 019-654-2741	020-0883	盛岡市志家町3-13　岩手県美容会館内
宮城県	TEL. 022-343-8763 FAX. 022-343-8764	980-0011	仙台市青葉区上杉5-1-12　後藤コーポ107号
秋田県	TEL. 018-874-9099 FAX. 018-874-9199	010-0922	秋田市旭北栄町1-5　秋田県社会福祉会館6F
山形県	TEL. 023-623-4323 FAX. 023-634-6290	990-0033	山形市諏訪町2-1-60
福島県	TEL. 024-525-4085 FAX. 024-525-4086	960-8053	福島市三河南町1-20　コラッセふくしま7F
茨城県	TEL. 029-225-6603 FAX. 029-225-6638	310-0011	水戸市三の丸1-5-38　茨城県三の丸庁舎
栃木県	TEL. 028-625-2660 FAX. 028-627-5114	320-0027	宇都宮市塙田1-3-5　砂川ビル内
群馬県	TEL. 027-224-1809 FAX. 027-224-1610	371-0025	前橋市紅雲町1-7-12　群馬県住宅供給公社ビル4F
埼玉県	TEL. 048-863-1873 FAX. 048-864-3288	330-0063	さいたま市浦和区高砂4-4-17　食環センター2F
千葉県	TEL. 043-307-8272 FAX. 043-307-8273	260-0854	千葉市中央区長洲1-15-7　千葉県森林会館内
東京都	TEL. 03-3445-8751 FAX. 03-3445-8753	150-0012	渋谷区広尾5-7-1　東京都広尾庁舎内
神奈川県	TEL. 045-212-1102 FAX. 045-212-1453	231-0005	横浜市中区本町3-24-2　ニュー本町ビル内
新潟県	TEL. 025-378-2540 FAX. 025-378-2545	951-8106	新潟市中央区東大畑通1番町490-13　理容美容福祉会館2F
富山県	TEL. 076-442-0285 FAX. 076-444-1977	930-0855	富山市赤江町1-7
石川県	TEL. 076-259-6510 FAX. 076-259-6516	921-8105	金沢市平和町1-3-1　石川県平和町庁舎B館3F
福井県	TEL. 0776-25-2064 FAX. 0776-25-2074	910-0003	福井市松本3-16-10　福井県職員会館ビル3F
山梨県	TEL. 055-232-1071 FAX. 055-233-3818	400-0863	甲府市南口町4-8　山梨県理容会館2F
長野県	TEL. 026-235-3612 FAX. 026-234-0369	380-0872	長野市南長野妻科426-1　長野県建築士会館3F301
岐阜県	TEL. 058-216-3670 FAX. 058-274-8011	500-8384	岐阜市薮田南5-14-12　岐阜県シンクタンク庁舎3F
静岡県	TEL. 054-272-7396 FAX. 054-254-9623	420-0034	静岡市葵区常磐町3-3-9　静岡生衛会館1F
愛知県	TEL. 052-953-7443 FAX. 052-953-7448	460-0001	名古屋市中区三の丸3-2-1　愛知県東大手庁舎6F

名　称	電話／ファクシミリ	郵便番号	所　　在　　地
三重県	TEL. 059-225-4181 FAX. 059-228-3231	514-0038	津市西古河町10-16　別所ビル3F
滋賀県	TEL. 077-524-2311 FAX. 077-521-5440	520-0806	大津市打出浜13-22-201
京都府	TEL. 075-722-2051 FAX. 075-711-6123	606-8221	京都市左京区田中西樋ノ口町90
大阪府	TEL. 06-6943-5603 FAX. 06-6946-9306	540-0012	大阪市中央区谷町1-3-1　双馬ビル801号
兵庫県	TEL. 078-361-8097 FAX. 078-361-2875	650-0011	神戸市中央区下山手通6-3-28 兵庫県中央労働センター 5F
奈良県	TEL. 0742-33-3140 FAX. 0742-33-0768	630-8123	奈良市三条大宮町1-12　奈良県生衛会館内
和歌山県	TEL. 073-431-0657 FAX. 073-422-3269	640-8045	和歌山市卜半町33　和歌山ミートビル2F
鳥取県	TEL. 0857-29-8590 FAX. 0857-29-8591	680-0801	鳥取市松並町2-160　城北ビル109号
島根県	TEL. 0852-26-0651 FAX. 0852-26-4684	690-0882	松江市大輪町414-9-423号
岡山県	TEL.／FAX. 086-222-3598	700-0824	岡山市北区内山下1-3-7　県土連ビル2F
広島県	TEL. 082-532-1200 FAX. 082-532-2210	730-0856	広島市中区河原町1-26　広島県環衛ビル8F
山口県	TEL. 083-928-7512 FAX. 083-928-7490	753-0814	山口市吉敷下東3-1-1　山口県総合保健会館4F
徳島県	TEL. 088-623-7400 FAX. 088-623-5095	770-0933	徳島市南仲之町4-18　鳥獣センタービル1F
香川県	TEL.／FAX. 087-862-3334	760-0018	高松市天神前6-34　村瀬ビル3F
愛媛県	TEL. 089-924-3305 FAX. 089-924-3304	790-0811	松山市本町7-2　愛媛県本町ビル2F
高知県	TEL. 088-855-5100 FAX. 088-855-5101	780-0822	高知市はりまや町3-7-6　パームサイドビラ2F
福岡県	TEL. 092-651-5115 FAX. 092-651-5147	812-0044	福岡市博多区千代1-2-4　福岡生活衛生食品会館3F
佐賀県	TEL.／FAX. 0952-25-1432	840-0826	佐賀市白山1-2-13　諸永ビル3F
長崎県	TEL. 095-824-6329 FAX. 095-822-8360	850-0033	長崎市万才町10-16　パーキングビル川上3F
熊本県	TEL. 096-362-3061 FAX. 096-362-3087	862-0959	熊本市中央区白山1-4-9　末永ビル2F
大分県	TEL. 097-537-4858 FAX. 097-533-2117	870-0023	大分市長浜町1-12-3　今田ビル3F
宮崎県	TEL. 0985-25-1466 FAX. 0985-25-1610	880-0802	宮崎市別府町3-1　宮崎日赤会館2F
鹿児島県	TEL. 099-222-8332 FAX. 099-222-8333	892-0838	鹿児島市新屋敷町16-213　公社ビル2F
沖縄県	TEL. 098-891-8960 FAX. 098-891-8961	901-0152	那覇市字小禄662番　沖縄県生活衛生研修センター内

〈第12クール編集委員会〉

委員長　小野　雅啓（全国クリーニング生活衛生同業組合連合会理事・所長）

委　員　近藤　美文（一般社団法人日本衣料管理協会事務局長）

委　員　三島　良弘（三島アパレル技術研究室主宰）

委　員　伊藤　芳友（株式会社白洋舎　洗濯科学研究所上席研究員）

委　員　都倉　敏明（公益社団法人兵庫県生活衛生営業指導センター　常務理事兼事務局長）

委　員　川﨑　英弘（公益社団法人群馬県生活衛生営業指導センター　経営指導員）

〈オブザーバー〉

溝口　晃壮（厚生労働省医薬・生活衛生局生活衛生課　課長補佐）

大嶺　　彩（厚生労働省医薬・生活衛生局生活衛生課　主査）

〈編集協力〉

岩澤　紀子（ジュピターショップチャンネル株式会社）

黒須　一見（国立感染症研究所薬剤耐性研究センター第四室）

茂木　淳一（日本光電工業株式会社・中小企業診断士）

増田　悦子（公益社団法人全国消費生活相談員協会　理事長）

後藤　博俊（一般社団法人日本労働安全衛生コンサルタント会　顧問）

経済産業省

環境省

総説　クリーニング　業務従事者編
—クリーニング業務従事者講習用テキスト　第12クール（2022～2024年度）—

2022年6月11日　　　　　初版　第1刷発行

編　著　者　公益財団法人　全国生活衛生営業指導センター
　　　　　　　〒105-0004　東京都港区新橋6-8-2　全国生衛会館2階
　　　　　　　電話　03-5777-0341（代表）

発　行　人　長田　高

発　行　所　株式会社ERC出版
　　　　　　　〒107-0052　東京都港区赤坂2丁目9-5　松屋ビル5F
　　　　　　　電話　03-6230-9273　　　振替　00110-7-553669

組版・イラスト　ERC出版　Macデザイン部

印　刷　製　本　芝サン陽印刷株式会社
　　　　　　　〒135-0031　東京都江東区佐賀1-18-10
　　　　　　　　　　　　　佐賀町ビル第2別館2階
　　　　　　　電話　03-5809-9631

ISBN978-4-900622-68-5　©公益財団法人 全国生活衛生営業指導センター 2022 Printed in Japan
落丁・乱丁本はお取り替えいたします。